KB181324

JLPT 급소공략

급소만을 집중 공략한
JLPT(일본어능력시험) 완벽 대비서

N2 문자·어휘

다락원

JLPT
급소공략 **N2 문자·어휘** **<2nd EDITION>**

지은이 이승근, 박병춘
펴낸이 정규노
펴낸곳 (주)다락원

초판 1쇄 발행 2011년 4월 1일
개정판 1쇄 발행 2018년 9월 10일
개정판 6쇄 발행 2024년 4월 14일

책임편집 송화록, 임혜련, 손명숙
디자인 하태호, 이승현

다락원 경기도 파주시 문발로 211
내용문의: (02)736-2031 내선 460~465
구입문의: (02)736-2031 내선 250~252
Fax: (02)732-2037
출판등록 1977년 9월 16일 제 406-2008-000007호

Copyright © 2018, 이승근, 박병춘

ISBN 978-89-277-1209-1 14730
     978-89-277-1205-3(set)

http://www.darakwon.co.kr

- 다락원 홈페이지를 방문하시면 상세한 출판 정보와 함께 동영상 강좌, MP3 자료 등
  다양한 어학 정보를 얻으실 수 있습니다.
- 다락원 홈페이지에서 "〈2nd EDITION〉 JLPT 급소공략 N2 문자·어휘"를 검색하시
  거나 표지 날개의 **QR코드**를 찍으시면 **연습문제 및 종합 모의고사, 최종 모의고사**의
  해석 파일을 다운로드 하실 수 있습니다.

머리말

일본어능력시험은 일본 국제교류기금 및 일본 국제교육지원협회가 1984년에 시작하여, 현재 전 세계 54개국 이상에서 매해 60~90만 명 이상이 응시하고 있는 세계 최대 규모이자 가장 공신력이 높은 일본어 자격시험입니다. 한국에서도 대학 입학이나 취업, 승진 등에 적용되는 사례가 갈수록 늘어나고 있으며, 남녀노소를 불문하고 수험생 수가 증가하고 있습니다.

2010년에 새롭게 개정된 일본어능력시험은 과거에 비교하면 '독해'와 '청해'의 비중이 높아지고 '문자·어휘'와 '문법'이 차지하는 비중이 작아졌습니다. 이는 단순 암기식 공부의 비중을 줄이고 커뮤니케이션 능력의 평가에 중점을 두겠다는 취지라고 볼 수 있습니다. 그러나 '문자·어휘'는 다른 언어 영역의 기초가 되는 만큼 그 중요성은 어떤 분야보다 중요하다고 할 수 있겠습니다.

본서는 2010년 개정된 첫 시험이 시행된 직후, 그 성격을 자세히 분석하여 초판을 발행하였습니다. 이후 8년여간 수많은 일본어능력시험의 학습 현장에서 활용되며 높은 적중률로 독자들의 신뢰와 사랑을 얻어왔습니다. 이에 필진은 8년간의 기출 문제를 새롭게 분석하여 개정판을 출간하게 되었습니다.

본서는 현 일본어능력시험의 출제 경향과 특징을 정확히 제시하고 기출 어휘를 완벽히 반영하였으며 향후 출제 가능성이 높은 어휘를 엄선하여 새롭게 구성하였습니다. 강의용 교재로 개발하였으나 단어의 음훈 및 뜻을 표기해 두었기 때문에 독학으로 학습하는 수험생도 충분히 사용할 수 있을 것입니다. 필진은 오랜 기간 일본어능력시험을 전문적으로 가르치면서 쌓은 노하우로 반드시 공부해야 할 어휘만을 엄선하여 이 책에 담았습니다. 본서의 내용을 완전히 숙지한다면 수험생 여러분께 반드시 좋은 결과가 있으리라 믿습니다.

끝으로, 책이 나오기까지 수고해 주신 다락원 일본어출판부 여러분과 그리고 검수를 도와주신 新井 環, 三田 亜希子 선생님께 감사의 말씀을 전합니다.

저자 일동

JLPT(일본어능력시험) N2 문자 · 어휘 유형 분석

일본어능력시험 N2 문자·어휘는 「한자읽기」, 「표기」, 「단어형성」, 「문맥규정」, 「유의표현」, 「용법」의 6가지 유형으로 32문제가 출제된다.

問題 1　**한자읽기**

밑줄 친 한자를 바르게 읽은 것을 찾는 문제로, 5문항이 출제된다.

問題1　＿＿＿＿＿の言葉の読み方として最もよいものを、1・2・3・4から一つ選びなさい。

1 ずっと好調だったのに、最後の試合で敗れてしまった。
　　1 たおれて　　　　2 やぶれて　　　　3 みだれて　　　　4 つぶれて

問題 2　**표기**

밑줄 친 단어의 올바른 한자 표기를 고르는 문제로, 5문항이 출제된다.

問題2　＿＿＿＿＿の言葉を漢字で書くとき、最もよいものを1・2・3・4から一つ選びなさい。

6 ハトは平和のしょうちょうだと言われている。
　　1 像徴　　　　　2 象微　　　　　3 象徴　　　　　4 像微

問題 3　**단어형성**

괄호 안에 들어갈 파생어(접두어·접미어)와 복합어를 찾는 문제로, 5문항이 출제된다.

問題3　（　　　　）に入れるのに最もよいものを、1・2・3・4から一つ選びなさい。

11 彼は医学（　　　　）ではかなり知られた存在だ。
　　1 界　　　　　　2 帯　　　　　　3 域　　　　　　4 区

문맥에 맞는 어휘를 고르는 문제로 7문항이 출제된다.

問題 4　(　　　) に入れるのに最もよいものを、1・2・3・4から一つ選びなさい。

16 さまざまなデータを (　　　) した結果、事故の原因が明らかになった。

　　1 視察　　　　　　　2 検査　　　　　　　3 発明　　　　　　　4 分析

밑줄 친 단어나 표현과 의미가 비슷한 것을 찾는 문제로 5문항이 출제된다.

問題 5　＿＿＿＿＿の言葉に意味が最もよいものを、1・2・3・4から一つ選びなさい。

23 この<u>ブーム</u>は長くは続かないだろう。

　　1 効果　　　　　　　2 状態　　　　　　　3 流行　　　　　　　4 緊張
　　こうか　　　　　　 じょうたい　　　　　りゅうこう　　　　　きんちょう

주어진 어휘의 올바른 사용법을 묻는 문제로 5문항이 출제된다.

問題 5　次の言葉の使い方として最もよいものを、1・2・3・4から一つ選びなさい。

28 方針

　　1 台風の<u>方針</u>がそれたので、特に被害は出なかった。

　　2 私の今年の<u>方針</u>は漢字を600字覚えることだ。

　　3 この料理を作る<u>方針</u>を教えてください。

　　4 教育に関する政府の<u>方針</u>が大きく変わった。

교재의 구성과 특징

이 책은 일본어능력시험 N2 문자·어휘에 대비할 수 있도록 급소만을 집중 공략한 강의용 교재입니다.

본문

필수 학습 어휘를 10개의 Chapter에 나누어 담았습니다. 명사, 동사, 형용사 등 품사별로 분류하여 기본적으로 오십음도순으로 정리하였습니다.

명사는 음독 명사와 훈독 명사로 분류하여 「음독+음독」 또는 「훈독+훈독」 형태는 각각 음독 명사와 훈독 명사로 실었습니다. 「음독+훈독」 또는 「훈독+음독」 형태로 된 어휘는 편의상 훈독 명사에 실었습니다.

동사는 기본적으로 오십음도순으로 정리하였고, 같은 한자를 쓰거나 어간이 같은 동사, 자·타 대응 동사는 오십음도순에 어긋나더라도 비슷한 동사끼리 모아서 정리하였습니다. 「동사+동사」 또는 「명사+동사」 형태의 복합동사는 마지막에 따로 정리하였습니다.

い형용사, な형용사, 부사 및 기타, 가타카나어도 오십음도순으로 정리하였습니다.

각 Chapter에서 학습한 내용을 점검하는 문제입니다. 실제 시험보다 문제 개수를 늘려 충분한 연습이 되도록 하였습니다.

중간 점검을 위해 전체 10 Chapter의 절반인 5 Chapter가 끝날 때마다 모의고사를 배치하였습니다. 실제 시험과 같은 32문항으로 구성되어 있습니다. Chapter5와 Chapter10 뒤에 각각 2회분씩 총 4회분이 실려 있습니다.

최종 모의고사

마지막으로 풀어볼 최종 모의고사 6회분이 실려 있습니다.

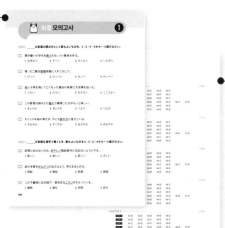

정답

각 Chapter의 연습문제와 종합 모의고사, 최종 모의고사의 정답이 실려 있습니다.

CONTENTS

CHAPTER 1

1 명사

음독 명사

あいじょう 愛情 애정	あっしょう 圧勝 압승	あつりょく 圧力 압력	あん 案 의견, 안
い いん 委員 위원	い か 以下 이하	いじょう 異常 이상	い てん 移転 이전
い よく 意欲 의욕	うんちん 運賃 운임	えいきょう 影響 영향	えんじょ 援助 원조
おうだん 横断 횡단	おん ど 温度 온도	かいけん 会見 회견	かいさい 開催 개최
かくじゅう 拡充 확충	か ざん 火山 화산	か しつ 過失 과실	か じょう 過剰 과잉
かっこう 格好 모습, 모양	かんけつ 簡潔 간결	かんこう 観光 관광	かんじょう 勘定 계산, 대금 지불
かんせい 完成 완성	かんりょう 完了 완료	き かい 機会 기회	き かい 機械 기계
けいかく 計画 계획	けいこう 傾向 경향	けいしき 形式 형식	けつろん 結論 결론
こう か 効果 효과	こう か 硬貨 경화, 금속 화폐	こうきゅう 高級 고급	こうぞう 構造 구조
さいのう 才能 재능	し かい 司会 사회	じつげん 実現 실현	しつぼう 失望 실망
しゅうてん 終点 종점	しゅるい 種類 종류	じょうけん 条件 조건	しょう ひ 消費 소비
じょうほう 情報 정보	しょうらい 将来 장래	しんよう 信用 신용	ず 図 그림
すいそく 推測 추측	せいげん 制限 제한	せい じ 政治 정치	せつ 説 의견
せつ び 設備 설비	せつやく 節約 절약	ぜんぱん 全般 전반	そうがく 総額 총액
そう ご 相互 상호	そく ど 速度 속도	そつぎょう 卒業 졸업	そんざい 存在 존재
たいがく 退学 퇴학	たんさく 探索 탐색	たんとう 担当 담당	たんにん 担任 담임
ち しき 知識 지식	ちょう か 超過 초과	つう か 通過 통과	どう ぐ 道具 도구
どう ろ 道路 도로	とくしょく 特色 특색	にんしき 認識 인식	ねんしょう 燃焼 연소

ねんりょう 燃料 연료	のうりょく 能力 능력	はいけい 背景 배경	はいご 背後 배후
はいしゃく 拝借 삼가 빌려 씀	はかい 破壊 파괴	はさん 破産 파산	ぶっか 物価 물가
ふんか 噴火 분화	へい 塀 담	へんじ 返事 대답	ほんらい 本来 본래
まんいん 満員 만원	めいろ 迷路 미로	めいわく 迷惑 폐, 귀찮음	めんきょ 免許 면허
やせい 野生 야생	ゆうがい 有害 유해	ゆうしょう 優勝 우승	ゆうのう 有能 유능
ようがん 溶岩 용암	ようと 用途 용도	りかい 理解 이해	りゅうこう 流行 유행
りんじ 臨時 임시	るふ 流布 유포	れいぎ 礼儀 예의	

훈독 명사

あいず 合図 신호	あた 辺り 주변	いきお 勢い 기세, 기운, 여세	いきぬ 息抜き 숨을 돌림, 잠시 쉼
いと 糸 실	おか 丘 언덕	おもて 表 겉	かた 型 틀
きわ 際 때	けつえきがた 血液型 혈액형	こはば 小幅 소폭	しょくば 職場 직장
つな 綱 밧줄	なわ 縄 밧줄	ねだん 値段 가격	ひも 紐 끈

2 동사

あせ 焦る 초조하다	あらた 改める 고치다	いた 傷む 상하다
いた 至る 이르다, 도달하다	うたが 疑う 의심하다	え 得る 얻다
かざ 飾る 장식하다	かん 関する 관련하다	くず 崩れる 무너지다
く 暮れる 해가 지다	しめ 示す 보이다	しゃがむ 쭈그리고 앉다
すぐ 優れる 우수하다	せっ 接する 접하다	たし 確かめる 확인하다
たっ 達する 도달하다	たまる 참다	つぶれる 찌부러지다, 망하다
つ 積む 쌓다	てき 適する 적합하다	なぐさ 慰める 위로하다

憎む 미워하다	にらむ 노려보다	狙う 노리다
覗く 엿보다	隔てる 사이를 떼다, 멀리하다	迷う 주저하다, 헤매다
結ぶ 묶다	やぶれる 패하다	当てはまる 들어맞다
受け入れる 받아들이다	腰掛ける 걸터앉다	流れ出す 흘러 나오다
乗り越す 극복하다, 하차역을 지나치다	張り切る 힘이 넘치다, 긴장하다	目立つ 눈에 띄다
申し込む 신청하다	持ち越す 넘기다, 미루다	

3 い형용사

厚かましい 뻔뻔하다	怪しい 이상하다	疑わしい 의심스럽다
おかしい 이상하다, 우습다	惜しい 아깝다	輝かしい 빛나다, 훌륭하다
悔しい 분하다	恋しい 그립다	ずうずうしい 뻔뻔스럽다
ずるい 교활하다	鋭い 예리하다	頼もしい 믿음직하다

4 な형용사

あいにく 공교로움	悪質 악질적임	鮮やか 선명함
当たり前 당연함	新た 새로움	ありのまま 있는 그대로임
いい加減 적당함	意地悪 심술궂음	偉大 위대함
大がかり 대대적임	大げさ 과장됨	大幅 폭이 큼
快適 쾌적함	器用 솜씨가 좋음	くたくた 지침, 녹초가 됨
豪華 호화로움	稀 드묾	

5 부사 및 기타

いきなり 갑자기	一応(いちおう) 우선	一時(いちじ) 한때
必(かなら)ず 반드시	たしか 분명히	うっかり 깜빡, 무심코
がっかり 낙심하는 모양	ぎっしり 빈틈없이 꽉	きっぱり 딱 잘라, 단호히
ぐっすり 푹 자는 모양	さっぱり 후련하게, 깔끔히	しっかり 단단히
ずきずき 욱신욱신	すっかり 완전히	ずらり 잇달아 늘어선 모양
どっと 많은 사람이 한번에 소리를 높이는 모양		ぴたり 딱(정확히 들어맞는 모양)
まごまご 우물쭈물	めっきり 현저히	〜下(か) ~하
過(か)〜 과~	〜会(かい) ~회	逆(ぎゃく)〜 역~
高(こう)〜 고~	〜場(じょう) ~장	〜通(つう) ~통<편지>
副(ふく)〜 부~	無(む)〜 무~	

6 가타카나어

アイデア 아이디어	コンクール 콩쿠르	コンクリート 콘크리트
コンサート 콘서트	コンセント 콘센트	スーパーマーケット 슈퍼마켓
ステレオ 스테레오	スピード 스피드	セット 세트, 조절함
ドライブ 드라이브	ベスト 베스트	メニュー 메뉴
ランチ 런치		

問題1 _____の言葉の読み方として最もよいものを、1・2・3・4から一つ選びなさい。

1 自然保護のため、過剰包装を断ろう。

　　1 かしょう　　　　2 かじょう　　　　3 がしょう　　　　4 がじょう

2 すみません。総額20万円以下の中古車を探しているんですが。

　　1 しょうかく　　　2 しょうがく　　　3 そうかく　　　　4 そうがく

3 木村先生は音楽に鋭い耳を持っている。
　　きむら

　　1 するどい　　　　2 にぶい　　　　　3 ゆるい　　　　　4 のろい

4 外国人観光客を増やすには、厳しい入国管理を改めるべきだ。

　　1 あたためる　　　2 あてはめる　　　3 あらためる　　　4 たしかめる

5 酒好きのお父さんが7時に帰宅するとは稀なことだ。

　　1 さち　　　　　　2 まれ　　　　　　3 ばつ　　　　　　4 まし

問題2 _____の言葉を漢字で書くとき、最もよいものを1・2・3・4から一つ選びなさい。

1 アイドルはごうかな衣装でステージに登場した。

　　1 豪化　　　　　　2 豪花　　　　　　3 豪華　　　　　　4 豪嘩

2 試験に失敗した友人をどうなぐさめたらいいか分からない。

　　1 和めたら　　　　2 慰めたら　　　　3 確めたら　　　　4 恵めたら

3 恋愛でのたのもしい男性とは、どんな人だと思いますか。

　　1 頼もしい　　　　2 優もしい　　　　3 信もしい　　　　4 好もしい

4 中国人は手先がきようだという話があるが、本当なのか。

　　1 機用　　　　　　2 期用　　　　　　3 貴用　　　　　　4 器用

5 前略、東京の生活はかいてきですか。

1 快適　　　　　　2 快敵　　　　　　3 決適　　　　　　4 決敵

問題3　（　　　　）に入れるのに最もよいものを、1・2・3・4から一つ選びなさい。

1 これは委員（　　　）の名簿です。

1 係　　　　　　2 会　　　　　　3 界　　　　　　4 諸

2 エッセーとは、（　　　）形式で意見や感想などを述べた散文のことを指す。

1 未　　　　　　2 無　　　　　　3 主　　　　　　4 総

3 冬になると父はスキー（　　　）に連れて行った。

1 場　　　　　　2 屋　　　　　　3 層　　　　　　4 職

4 今回のシンポジウムは国際（　　　）にわたる問題について行われる。

1 全面　　　　　　2 総合　　　　　　3 一般　　　　　　4 全般

5 総理の不在の場合（　　　）総理が職務を代行することになっている。

1 副　　　　　　2 助　　　　　　3 補　　　　　　4 準

問題4　（　　　　）に入れるのに最もよいものを、1・2・3・4から一つ選びなさい。

1 モンゴルではジンギスカンは（　　　）な人物として尊敬されているそうだ。

1 偉大　　　　　　2 盛大　　　　　　3 上位　　　　　　4 優勢

2 この小包は規定の重量を15キログラムも（　　　）している。

1 通過　　　　　　2 過失　　　　　　3 超越　　　　　　4 超過

3 友人が（　　　）のチケットを2枚くれた。

1 リハーサル　　　　2 コンサート　　　　3 ドライブ　　　　4 ミーティング

4 　早く（　　　　）を引き出さなければならないのです。

　　1 終了　　　　　　　　2 結論　　　　　　　　3 完了　　　　　　　　4 完成

5 　卒業証書を（　　　　）、お願いします。

　　1 一冊　　　　　　　　2 一通　　　　　　　　3 一足　　　　　　　　4 一隻

6 　最近、お父さんの白髪（しらが）が（　　　　）増えた。

　　1 めっきり　　　　　　2 まるきり　　　　　　3 しめきり　　　　　　4 おもいきり

7 　新事業に乗り出した彼は希望と不安の間を（　　　　）いる。

　　1 選んで　　　　　　　2 迷って　　　　　　　3 比べて　　　　　　　4 訪ねて

問題5　＿＿＿＿の言葉に意味が最も近いものを、1・2・3・4から一つ選びなさい。

1 　本田（ほんだ）君は教室では<u>目立つ</u>生徒ではなかった。

　　1 際立つ　　　　　　　2 先立つ　　　　　　　3 役立つ　　　　　　　4 旅立つ

2 　その話が本当なのかどうか<u>怪しい</u>。

　　1 面白い　　　　　　　2 惜しい　　　　　　　3 疑わしい　　　　　　4 情けない

3 　<u>厚かましい</u>お願いだとは思いますが、なんとかなりませんか。

　　1 ずうずうしい　　　　2 わかわかしい　　　　3 よわよわしい　　　　4 ばかばかしい

4 　3年前と比べてみると、町は<u>すっかり</u>変わった。

　　1 やや　　　　　　　　2 たった　　　　　　　3 完全に　　　　　　　4 少なくとも

5 　新入社員の彼は<u>くたくたになって</u>帰ってきた。

　　1 喜んで　　　　　　　2 悲しんで　　　　　　3 疲れ切って　　　　　4 酔っ払って

　次の言葉の使い方として最もよいものを、1・2・3・4から一つ選びなさい。

1 　まごまご

　　1 赤ちゃんが<u>まごまご</u>歩いている。

　　2 社長を怒らせたら、<u>まごまご</u>してしまう。

　　3 <u>まごまご</u>飲まないで、さっさと飲みなさい。

　　4 試験が明日なので、<u>まごまご</u>してはいられない。

2 　ずるい

　　1 ナイフで切られたような<u>ずるい</u>痛みを感じた。

　　2 あいつは試合で<u>ずるい</u>ことをして優勝した。

　　3 すみません。<u>ずるい</u>ようですが、席をつめてください。

　　4 話がちょっと<u>ずるい</u>ですが、もう一度注意すべき点を言いますので……。

3 　本来

　　1 当校は<u>本来</u>、女子大学だった。

　　2 我々の地球は<u>本来</u>どうなるのだろか。

　　3 私は<u>本来</u>、弁護士になろうと思います。

　　4 この道を<u>本来</u>に真っ直ぐ行ったら右にある。

4 　セット

　　1 先輩は<u>セット</u>で後輩を叱った。

　　2 ボクシングは何<u>セット</u>で行われますか。

　　3 旅行は2人が<u>セット</u>で行った方が面白い。

　　4 目覚まし時計を7時に<u>セット</u>してください。

5 　どっと

　　1 痛かったところが<u>どっと</u>治った。

　　2 今、雨が<u>どっと</u>降り出している。

　　3 春なのにまだ寒さが<u>どっと</u>厳しい。

　　4 学生たちは先生のユーモアに<u>どっと</u>笑い出した。

정답은 P.138

CHAPTER 2

1 명사

음독 명사

移植	이식	一定	일정	一般	일반	移動	이동
引用	인용	欧米	구미	応用	응용	外見	외견
解釈	해석	開発	개발	開放	개방	価格	가격
確定	확정	確認	확인	活動	활동	感心	감탄
乾燥	건조	願望	소원(원하고 바람)	勧誘	권유	管理	관리
機嫌	심기	寄付	기부	規模	규모	求人	구인
供給	공급	競争	경쟁	強風	강풍	拒否	거부
距離	거리	金額	금액	稽古	연습, 공부	研修	연수
公害	공해	工芸	공예	催促	재촉	裁判	재판
採用	채용	参考	참고	資源	자원	指示	지시
自宅	자택	湿度	습도	周囲	주위	承認	승인
勝負	승부	省略	생략	製作	제작	設置	설치
操作	조작	創作	창작	妥当	타당	断念	단념
遅刻	지각	頂上	정상	頂点	정점	著者	저자
通達	통달	通用	통용	都合	형편	伝染	전염
伝達	전달	動作	동작	内容	내용	難関	난관
難問	난문	肉食	육식	入社	입사	認定	인정
納入	납입	配達	배달	敗北	패배	倍率	배율

ばくはつ 爆発 폭발	は そん 破損 파손	はったつ 発達 발달	はんばい 販売 판매
ひょうげん 表現 표현	ふ へい 不平 불평	へんこう 変更 변경	ほうしん 方針 방침
まいそう 埋葬 매장	まい ど 毎度 매번	まいにち 毎日 매일	まったん 末端 말단
み らい 未来 미래	もくてき 目的 목적	ようしゅ 洋酒 양주	ようつう 腰痛 요통
よ きん 預金 예금	よ やく 予約 예약	らいきゃく 来客 내객, 방문객	らいにち 来日 일본으로 옴
り よう 利用 이용	りょうかい 了解 양해	りょうしん 両親 양친	りょこう 旅行 여행

훈독 명사

あい て 相手 상대	かわ 皮 가죽	し あい 試合 시합	し かた 仕方 방법
つぶ 粒 알갱이	てら 寺 절	なが い 長生き 장수	な ごえ 泣き声 울음소리
は 歯 이	はた 旗 기, 깃발	はだ 肌 피부	はら 腹 배(복부)
ふね 船 배(선박)	ほお 頬 뺨	み 見かけ 외관	み かた 味方 내 편, 아군
み だ 見出し 표제	みなと 港 항구	み ほん 見本 견본	むね 胸 가슴
ゆうがた 夕方 해질녘			

2 동사

あ 揚げる 튀기다	あこが 憧れる 동경하다	あた 与える 부여하다
あつか 扱う 취급하다	うかが 伺う '묻다', '듣다'의 겸사말	うつむく 머리를 숙이다
うら 恨む 원망하다	おお 覆う 덮다, 가리다	おが 拝む 배례하다
おとず 訪れる 방문하다, 찾아오다	おと 劣る 뒤떨어지다	おどろ 驚かせる 놀래키다
かこ 囲む 둘러싸다	きら 嫌う 싫어하다	く 食う 먹다
く 悔やむ 뉘우치다, 후회하다	こ 肥える 살찌다, (느낌·안목이) 높아지다	こわ 壊れる 부서지다

避ける 피하다	進める 전진시키다	倒す 쓰러뜨리다
倒れる 쓰러지다	戦う 싸우다	届く 닿다
縫う 바느질하다	抜ける 빠지다	塗る 바르다, 칠하다
眠る 자다	はう 기어가다, 기다	更ける (밤, 계절 등이) 깊어지다
ほえる 으르렁거리다, 짖다	学ぶ 배우다	招く 초대하다
恵む 은혜를 베풀다	譲る 양보하다, 물려주다, 양도하다	酔う 술에 취하다
追いかける 뒤쫓아가다	組み立てる 조립하다	繰り返す 반복하다
差し支える 지장이 있다	突き当たる 부딪치다, 막다른 곳에 이르다	
作り出す 만들기 시작하다	引き返す 되돌아가다	呼び出す 불러내다

3 い형용사

勇ましい 용감하다	大人しい 얌전하다	くどい (같은 말을 되풀이하여) 귀찮다
濃い 진하다	心強い 마음이 굳다, 마음이 든든하다	騒がしい 시끄럽다
涼しい 시원하다	激しい 격심하다	等しい 같다, 동등하다
貧しい 가난하다	やかましい 시끄럽다	

4 な형용사

臆病 겁이 많음	おっくう 귀찮음	かすか 희미함
勝手 제멋대로 굶	頑固 완고함	頑丈 튼튼함
肝心 중요함	完全 완전함	気軽 가볍게 행동함

<ruby>貴<rt>き</rt></ruby><ruby>重<rt>ちょう</rt></ruby> 귀중함	<ruby>粗<rt>そ</rt></ruby><ruby>末<rt>まつ</rt></ruby> 변변치 않음	<ruby>手<rt>て</rt></ruby><ruby>軽<rt>がる</rt></ruby> 간편힘
<ruby>非<rt>ひ</rt></ruby><ruby>常<rt>じょう</rt></ruby><ruby>識<rt>しき</rt></ruby> 몰상식함	<ruby>不<rt>ふ</rt></ruby><ruby>思<rt>し</rt></ruby><ruby>議<rt>ぎ</rt></ruby> 신기함	<ruby>身<rt>み</rt></ruby><ruby>軽<rt>がる</rt></ruby> 경쾌함
<ruby>明<rt>めい</rt></ruby><ruby>確<rt>かく</rt></ruby> 명확함	<ruby>愉<rt>ゆ</rt></ruby><ruby>快<rt>かい</rt></ruby> 유쾌함	

5 부사 및 기타

<ruby>改<rt>あらた</rt></ruby>めて 다시, 재차	<ruby>予<rt>あらかじ</rt></ruby>め 사전에, 미리	<ruby>依<rt>い</rt></ruby><ruby>然<rt>ぜん</rt></ruby>として 여전히
<ruby>一<rt>いち</rt></ruby><ruby>段<rt>だん</rt></ruby>と 한층	<ruby>一<rt>いち</rt></ruby><ruby>度<rt>ど</rt></ruby>に 일시에	<ruby>一<rt>いっ</rt></ruby><ruby>気<rt>き</rt></ruby>に 단숨에
いまに 머지 않아, 언젠가	おもいきり 마음껏	
<ruby>必<rt>かなら</rt></ruby>ずしも 반드시 ~인 것은 아니다 <부정이 따름>		くれぐれも 부디, 아무쪼록
どうか 부디	<ruby>生<rt>い</rt></ruby>き<ruby>生<rt>い</rt></ruby>き 생생하게, 생기 있게	うとうと 깜빡깜빡 조는 모양
すっきり 산뜻이	そっくり 꼭 닮음, 전부	たっぷり 듬뿍
はっきり 분명히, 똑똑히	~<ruby>権<rt>けん</rt></ruby> ~권	~<ruby>順<rt>じゅん</rt></ruby> ~순
<ruby>非<rt>ひ</rt></ruby>~ 비~	~<ruby>費<rt>ひ</rt></ruby> ~비	<ruby>未<rt>み</rt></ruby>~ 미~

6 가타카나어

アルコール 알코올	エネルギー 에너지	エンジニア 엔지니어
オイル 오일	カロリー 칼로리	クリーム 크림
ゲーム 게임	シリーズ 시리즈	スーツ 슈트
ダンス 댄스	デザイン 디자인	ビタミン 비타민
メンバー 멤버		

問題1　_____の言葉の読み方として最もよいものを、1・2・3・4から一つ選びなさい。

1　履歴を省略せずに書いてください。

　　1 しょうやく　　　　2 しょうらく　　　　3 しょうりょく　　　　4 しょうりゃく

2　地面がからからに乾燥している。

　　1 けんそ　　　　　　2 けんそう　　　　　3 かんそ　　　　　　4 かんそう

3　彼らを見る周囲の目は冷たかった。

　　1 しゅい　　　　　　2 しゅうい　　　　　3 ちゅうい　　　　　4 ちゅい

4　パンにマヨネーズをたっぷりと塗る。

　　1 こる　　　　　　　2 かる　　　　　　　3 ぬる　　　　　　　4 ける

5　濃い化粧をするのはあまり好きではない。

　　1 こい　　　　　　　2 うすい　　　　　　3 あさい　　　　　　4 ふかい

問題2　_____の言葉を漢字で書くとき、最もよいものを1・2・3・4から一つ選びなさい。

1　まもなく彼のさいばんが行われます。

　　1 裁判　　　　　　　2 裁判　　　　　　　3 哉判　　　　　　　4 載判

2　おうべいとはヨーロッパとアメリカの両大陸を指す言葉である。

　　1 殴米　　　　　　　2 駆米　　　　　　　3 欧米　　　　　　　4 鴎米

3　彼が偉大な小説家と呼ばれているのはだとうではない。

　　1 妥当　　　　　　　2 采当　　　　　　　3 孚当　　　　　　　4 奕当

4　この企画の失敗に関しては我が身をうらむほかしかたがない。

　　1 限る　　　　　　　2 恨む　　　　　　　3 根む　　　　　　　4 退む

5 彼のことを考えただけで<u>むね</u>がどきどきしてしまう。

1 肌 　　　　　　　2 胸 　　　　　　　3 腹 　　　　　　　4 肝

問題3 （　　　　）に入れるのに最もよいものを、1・2・3・4から一つ選びなさい。

1 国会には長官の任命の拒否（　　　　）がある。

1 件 　　　　　　　2 権 　　　　　　　3 制 　　　　　　　4 観

2 新車を購入するため価格（　　　　）で検索してみた。

1 種 　　　　　　　2 類 　　　　　　　3 順 　　　　　　　4 区

3 ハリウッド映画の製作（　　　　）は想像もつかない。

1 金 　　　　　　　2 台 　　　　　　　3 賃 　　　　　　　4 費

4 この絵は画家の死で（　　　　）完成に終わってしまった。

1 不 　　　　　　　2 否 　　　　　　　3 非 　　　　　　　4 未

5 裸で外へ飛び出すなんてあまりにも（　　　　）常識だ。

1 否 　　　　　　　2 異 　　　　　　　3 非 　　　　　　　4 末

問題4 （　　　　）に入れるのに最もよいものを、1・2・3・4から一つ選びなさい。

1 店の（　　　　）はそれほどでもなかったが、店員さんはとても親切だった。

1 見本 　　　　　　2 見方 　　　　　　3 見出し 　　　　　4 見かけ

2 夜も（　　　　）きたので、結論は明日に持ち越された。

1 更けて 　　　　　2 避けて 　　　　　3 深まって 　　　　4 高まって

3 （　　　　）ようですが、スマホの電源を切ってください。

1 くどい 　　　　　2 ゆるい 　　　　　3 のろい 　　　　　4 にぶい

4 その物語は今、大人気で（　　　　）で出版されているそうだ。

1 ゲーム　　　　　　　2 テーマ　　　　　　　3 メンバー　　　　　　4 シリーズ

5 歌手に（　　　　）上京する若者もかなり多いらしい。

1 疑って　　　　　　　2 従って　　　　　　　3 憧れて　　　　　　　4 壊れて

6 （　　　　）ご主人によろしく。

1 必ずしも　　　　　　2 少なくとも　　　　　3 どうしても　　　　　4 くれぐれも

7 代金は品物を（　　　　）した時、支払ってください。

1 上達　　　　　　　　2 伝達　　　　　　　　3 配達　　　　　　　　4 通達

問題5　_____ の言葉に意味が最も近いものを、1・2・3・4から一つ選びなさい。

1 ピアノの練習の音がやかましくてよく眠れなかった。

1 ゆるくて　　　　　　2 ぬるくて　　　　　　3 うるさくて　　　　　4 なつかしくて

2 彼の立派な態度にみんな感心した。

1 感謝　　　　　　　　2 感染　　　　　　　　3 感嘆　　　　　　　　4 感想

3 お粗末なお菓子ですが、どうぞ、召し上がってください。

1 上等ではない　　　　2 器用ではない　　　　3 重要ではない　　　　4 慎重ではない

4 自分の顔が水にはっきり映っているのが見えた。

1 あざやかに　　　　　2 おだやかに　　　　　3 さわやかに　　　　　4 ゆるやかに

5 彼が急に東京に発ったのは不思議だ。

1 おかしい　　　　　　2 おもしろい　　　　　3 さわがしい　　　　　4 そうぞうしい

問題6　次の言葉の使い方として最もよいものを、1・2・3・4から一つ選びなさい。

1　いまに

1　いまに雨が降りそうです。

2　親のありがたさがいまにわかるだろう。

3　いまに後悔してもしようがないから、やるしかない。

4　明日では遅すぎるから、いまに買い物に行ってきます。

2　引き返す

1　借りたお金を友達に引き返しに行く。

2　今までの人生を引き返してみてください。

3　やるべきことを引き返したら、大変なことになる。

4　誰かに呼ばれた気がして引き返してみると誰もいなかった。

3　催促

1　大家さんはしつこく家賃の催促をした。

2　息子の将来について催促してみたところ……。

3　早く就職したいなら、英語を催促した方がいいと思う。

4　木村先生に誕生日への催促の招待状を書こうと思います。

4　いきいきと

1　酔っ払いがいきいきと歩いている。

2　変な男の人が家の周りをいきいきとしている。

3　息子の手紙にはニューヨークの様子がいきいきと描かれていた。

4　演奏が終わらないうちに、割れるような拍手がいきいきと聞こえてきた。

5　必ずしも

1　今度、うちのチームは必ずしも勝つ。

2　空気がないと、火は必ずしも消える。

3　約束したのだから、父は必ずしも守るだろう。

4　金持ちだからといって必ずしも幸せとは限らない。

정답은 P.138

CHAPTER 3

1 명사

음독 명사

安心 안심	安定 안정	意見 의견	以後 이후
委細 상세	位置 위치	一部 일부	一面 일면
緯度 위도	依頼 의뢰	医療 의료	印象 인상
会見 회견	角度 각도	歓迎 환영	記憶 기억
気候 기후	記者 기자	記入 기입	記念 기념
教師 교사	行事 행사	共通 공통	緊張 긴장
愚痴 푸념	契機 계기	掲示 게시	継続 계속
経度 경도	見解 견해	現象 현상	建設 건설
限定 한정	見当 어림, 짐작, 예상	講師 강사	功績 공적
高層 고층	故郷 고향	個人 개인	娯楽 오락
財布 지갑	寺院 사원	事務 사무	住民 주민
宿泊 숙박	手術 수술	少子化 소자화, 저출산	消防署 소방서
身長 신장, 키	信頼 신뢰	頭脳 두뇌	性格 성격
成績 성적	生徒 학생	生命 생명	体育 체육
対象 대상	対比 대비	単語 단어	知人 지인
調節 조절	調和 조화	程度 정도	弟子 제자
展開 전개	頭角 두각	同僚 동료	日常 일상
年齢 연령	農業 농업	能率 능률	反対 반대

必死 필사	平等 평등	舞台 무대	普通 보통
平均 평균	平和 평화	報告 보고	宝石 보석
訪問 방문	幕 막	味覚 미각	名字 성씨, 성
明記 명기	明細 명세	迷信 미신	命令 명령
面会 면회	夜間 야간	役所 관청	約束 약속
薬品 약품	容器 용기	歴代 역대	恋愛 연애
練習 연습	連帯 연대	話術 화술	話題 화제

훈독 명사

汗 땀	噂 소문	絵の具 그림물감	大声 큰 목소리
奥 안쪽	踊り 춤	思い出 추억	親孝行 효도
数 수	子犬 강아지	腰 허리	出来事 사건
斜め 경사, 나쁜 상태임	灰色 회색	日帰り 당일치기	人ごみ 혼잡함
見方 보는 방법, 견해	娘 딸	役割 역할	床 마루

2 동사

あきらめる 포기하다	あきれる 어이없다	あふれる 넘치다
甘やかす 응석을 받아 주다	敬う 공경하다	占う 점치다
追う 따르다	踊る 춤추다	帯びる 어떤 성질(경향)을 띠다
輝く 빛나다	重ねる 겹치다, 포개다	傾く 기울다
叶う 이루어지다	乾く 마르다	競う 겨루다, 경쟁하다
組む 짜다, 엮다	断る 양해를 구하다, 거절하다	逆らう 역행하다, 거스르다

叫^{さけ}ぶ 외치다	去^さる 떠나다	従^{したが}う 따르다
退^{しりぞ}く 물러나다	過^すごす (시간을) 보내다	注^{そそ}ぐ 따르다
それる 빗나가다	ためらう 망설이다	散^ちる 지다, 흩어지다
にぎわう 북적거리다, 붐비다	逃^にげる 도망치다	放^{はな}つ 놓아주다
減^へる 줄다	増^ます 많아지다	磨^{みが}く 닦다
迎^{むか}える 맞이하다	向^むける 돌리다	打^うち消^けす 부정하다, 없애다
買^かいしめる (상품, 주식 등을) 매점하다	片寄^{かた よ}る (한쪽으로) 기울다, 치우치다	救^{すく}い出^だす 구출하다
話^{はな}し合^あう 서로 의논하다	召^めし上^あがる 드시다	呼^よび止^とめる 불러 세우다

3 い형용사

慌^{あわただ}しい 분주하다	幼^{おさな}い 어리다	思^{おも}いがけない 뜻밖이다
かわいらしい 귀엽다	親^{した}しい 친하다	そそっかしい 경솔하다
ばかばかしい 몹시 어리석다	細^{ほそ}い 가늘다	申^{もう}し訳^{わけ}ない 면목없다, 미안하다

4 な형용사

穏^{おだ}やか 온화함	急激^{きゅうげき} 급격함	急速^{きゅうそく} 급속함
極端^{きょくたん} 극단적임	気楽^{きらく} 속 편함	緊急^{きんきゅう} 긴급함
軽快^{けいかい} 경쾌함	軽率^{けいそつ} 경솔함	厳重^{げんじゅう} 엄중함
健全^{けんぜん} 건전함	強引^{ごういん} 강제로 함	幸運^{こううん} 행운임
適切^{てきせつ} 적절함	なだらか 완만함	にわか 갑작스러움

いったん 일단, 한번	おそらく 아마도	思^{おも}い切^きって 과감하게
おもに 주로	さらに 더욱더	じかに 직접, 바로
じつに 실로	しみじみ 차근차근, 차분히	すぐに 바로
たとえ 가령, 설령 (~할지라도)	たんに 단순히	どうも 아무래도
とくに 특히	ともに 함께	まもなく 머지않아, 곧
あらゆる 온갖, 모든	～型^{がた} ~형	～感^{かん} ~감
再^{さい}～ 재~	～性^{せい} ~성	～隻^{せき} ~척
全^{ぜん}～ 전~	～層^{そう} ~층	～連^づれ ~동반, 딸림
不^ふ～ 부~, 불~	来^{らい}～ 내~, 다음~	～力^{りょく} ~력

スタイル 스타일	ゼミ 세미나	テント 텐트
ハイキング 하이킹	バケツ 양동이	パターン 패턴
プラン 플랜, 계획	フレッシュ 프레시, 신선함	ベンチ 벤치
レジャー 레저	レベル 레벨	

問題1 _____の言葉の読み方として最もよいものを、1・2・3・4から一つ選びなさい。

① 「故郷に錦を飾る」という諺を知っていますか。

    1 こきょう   2 こうきょう   3 ごきょう   4 ごうきょう

② ニューヨークの高層ビルは見る人を圧倒する。

    1 こそう   2 こうそう   3 ごそう   4 ごうそう

③ 社長の前で緊張してしまってろくに意見も言えなかった。

    1 きんちょ   2 きんちょう   3 ぎんちょ   4 ぎんちょう

④ 『世界の中心で愛を叫ぶ』という題名の映画を見たことがありますか。

    1 よぶ   2 とぶ   3 さけぶ   4 はこぶ

⑤ 今日は急な用事やゼミが重なって慌しい一日だった。

    1 そそっかしい   2 あわただしい   3 ずうずうしい   4 あつかましい

問題2 _____の言葉を漢字で書くとき、最もよいものを1・2・3・4から一つ選びなさい。

① いくら勉強してもなかなかせいせきが上がらない。

    1 成績   2 城績   3 成積   4 城積

② 例外なく全校せいとは式に参加することになっている。

    1 生従   2 生徒   3 生道   4 生導

③ 由緒ある旅館にしゅくはくすることができ、うれしかった。

    1 宿伯   2 宿拍   3 宿泊   4 宿狛

④ 週末はいつもごらく番組を見るのが唯一の楽しみだ。

    1 呉楽   2 娯楽   3 呉薬   4 娯薬

5 職場のどうりょうには迷惑をかけたくない。

1 同寮 　　　　　　　 2 同僚 　　　　　　　 3 洞寮 　　　　　　　 4 洞僚

問題3　（　　　　）に入れるのに最もよいものを、1・2・3・4から一つ選びなさい。

1 先生の記憶（　　　　）はものすごいものがある。

1 力 　　　　　　　　 2 気 　　　　　　　　 3 式 　　　　　　　　 4 率

2 今月10日から（　　　　）学期の授業の登録があります。

1 来 　　　　　　　　 2 前 　　　　　　　　 3 先 　　　　　　　　 4 上

3 ある程度、緊張（　　　　）を保つ方がいいでしょう。

1 色 　　　　　　　　 2 性 　　　　　　　　 3 状 　　　　　　　　 4 感

4 この壁紙はこの部屋には（　　　　）調和だ。

1 不 　　　　　　　　 2 否 　　　　　　　　 3 非 　　　　　　　　 4 未

5 医学界では（　　　　）手術の成功率は低いということだ。

1 再 　　　　　　　　 2 副 　　　　　　　　 3 次 　　　　　　　　 4 復

問題4　（　　　　）に入れるのに最もよいものを、1・2・3・4から一つ選びなさい。

1 何も言わないで割り込むなんて（　　　　）物も言えない。

1 あきれて 　　　　 2 あきらめて 　　　　 3 まとめて 　　　　 4 まよって

2 彼の顔を見ると、（　　　　）ばかりで告白できなかったことをいつも後悔する。

1 ためて 　　　　 2 ためらって 　　　　 3 たまって 　　　　 4 たすけて

3 私は（　　　　）いつも失敗ばかりするんです。

1 すまなくて 　　　　 2 くだらなくて 　　　　 3 さわがしくて 　　　　 4 そそっかしくて

4 文化の（　　　）は実にさまざまだ。

1 パターン　　　　　2 ゴール　　　　　　3 メンバー　　　　　4 シリーズ

5 社長はご機嫌（　　　）ですから、言葉に気をつけてください。

1 横　　　　　　　　2 縦　　　　　　　　3 外　　　　　　　　4 斜め

6 今年は大きな事件もなく（　　　）な年だった。

1 穏やか　　　　　　2 和やか　　　　　　3 十分　　　　　　　4 不思議

7 お泊りですか。では、ここに、お名前とご住所をご（　　　）ください。

1 記録　　　　　　　2 記帳　　　　　　　3 記入　　　　　　　4 記述

問題5　　_____の言葉に意味が最も近いものを、1・2・3・4から一つ選びなさい。

1 今度の誘拐事件についてあらゆる角度から検討してください。

1 すべての　　　　　2 いわゆる　　　　　3 やっと　　　　　　4 つまり

2 すまないが、今日は忙しくて会えない。

1 ありがたい　　　　2 みっともない　　　3 はずかしい　　　　4 もうしわけない

3 まもなく電車が参ります。黄色線の内側に下がってお待ちください。

1 とうとう　　　　　2 やっと　　　　　　3 もうすぐ　　　　　4 いずれ

4 祖母の病状がにわかに変化した。

1 急に　　　　　　　2 現に　　　　　　　3 主に　　　　　　　4 時に

5 今度の企画は計画通りに順調です。

1 デザイン　　　　　2 スタイル　　　　　3 レベル　　　　　　4 プラン

問題6　次の言葉の使い方として最もよいものを、1・2・3・4から一つ選びなさい。

1 　気候

　1 日本は4月が入学の<u>気候</u>だ。

　2 遠足(えんそく)は明日の<u>気候</u>によって決められる。

　3 <u>気候</u>の変わり目には風邪などを引かないよう体に気をつけてください。

　4 昼になると<u>気候</u>が上がりますから、半そでのシャツを用意してください。

2 　たとえ

　1 <u>たとえ</u>秋になったのに、まだ残暑が厳しい。

　2 <u>たとえ</u>親が反対するなら、彼との結婚はあきらめる。

　3 <u>たとえ</u>パソコンは業務上必要なのにうちの事務所にはない。

　4 <u>たとえ</u>高かったとしてもノートパソコンは買うつもりだ。

3 　いったん

　1 寒さが<u>いったん</u>厳しくなってきた。

　2 卒業してから彼女は<u>いったん</u>きれいになった。

　3 <u>いったん</u>約束した以上、守らなければならない。

　4 <u>いったん</u>はすみませんが、それしてくれませんか。

4 　甘やかす

　1 彼の<u>甘やかされた</u>声が大好きです。

　2 木村(きむら)君は先生に<u>甘やかされて</u>有頂天(うちょうてん)になった。

　3 すみません。ちょっとコーヒーを<u>甘やかして</u>ください。

　4 子供を<u>甘やかし</u>すぎて育てるとわがままになりがちだ。

5 　しみじみ

　1 寒さで体が<u>しみじみ</u>するほどだった。

　2 ジョギングで汗を<u>しみじみ</u>とかいた。

　3 人の顔を<u>しみじみ</u>と見るものではない。

　4 彼は当時の事を<u>しみじみ</u>と語ってくれた。

정답은 P.138

1 명사

음독 명사

あんき 暗記 암기	いはん 違反 위반	いほう 違法 위법	いみ 意味 의미
いんりょう 飲料 음료	うんこう 運行 운행	うんてん 運転 운전	うんどう 運動 운동
おうえん 応援 응원	おうとう 応答 응답	かいせい 改正 개정	かいてい 改定 개정
かいふう 開封 개봉	がまん 我慢 참음	かんかく 感覚 감각	かんきょう 環境 환경
かんげき 感激 감격	かんじょう 感情 감정	かんどう 感動 감동	ぎゃくゆにゅう 逆輸入 역수입
ぎゅうにゅう 牛乳 우유	きょうぎ 競技 경기	くいき 区域 구역	くじょう 苦情 고충, 불만
けいけん 経験 경험	けってん 欠点 결점	けんきゅう 研究 연구	こうい 行為 행위
こうがい 郊外 교외	こうたい 交代 교대	こうどう 行動 행동	ごうどう 合同 합동
ざいせき 在籍 재적	さくじょ 削除 삭제	さくせい 作成 작성	さつえい 撮影 촬영
ざっし 雑誌 잡지	さんしょう 参照 참조	しかく 資格 자격	しきゅう 至急 지급
じけん 事件 사건	しじ 支持 지지	しせい 姿勢 자세	してき 指摘 지적
しはい 支配 지배	しゅうりょう 終了 종료	しゅっぱん 出版 출판	せいこう 成功 성공
せいじん 成人 성인	せかい 世界 세계	せっきん 接近 접근	せわ 世話 보살핌
そうこ 倉庫 창고	そうじんこう 総人口 총인구	そんがい 損害 손해	そんけい 尊敬 존경
そんとく 損得 손실과 이익, 손익	たいふう 台風 태풍	たにん 他人 타인	ちいき 地域 지역
ちゅうしゃ 駐車 주차	つうちょう 通帳 통장	てきおう 適応 적응	てっきょう 鉄橋 철교
てっきん 鉄筋 철근	てつどう 鉄道 철도	とくてい 特定 특정	とし 都市 도시
とっきゅう 特急 특급	ないかく 内閣 내각	ないりく 内陸 내륙	にゅうもん 入門 입문

<ruby>熱帯<rt>ねったい</rt></ruby> 열대	<ruby>犯行<rt>はんこう</rt></ruby> 범행	<ruby>犯罪<rt>はんざい</rt></ruby> 범죄	<ruby>犯人<rt>はんにん</rt></ruby> 벌인
<ruby>秘密<rt>ひみつ</rt></ruby> 비밀	<ruby>氷山<rt>ひょうざん</rt></ruby> 빙산	<ruby>標識<rt>ひょうしき</rt></ruby> 표지	<ruby>標準<rt>ひょうじゅん</rt></ruby> 표준
<ruby>不正<rt>ふせい</rt></ruby> 부정	<ruby>不満<rt>ふまん</rt></ruby> 불만	<ruby>分野<rt>ぶんや</rt></ruby> 분야	<ruby>編集<rt>へんしゅう</rt></ruby> 편집
<ruby>方法<rt>ほうほう</rt></ruby> 방법	<ruby>翻訳<rt>ほんやく</rt></ruby> 번역	<ruby>万年筆<rt>まんねんひつ</rt></ruby> 만년필	<ruby>密輸<rt>みつゆ</rt></ruby> 밀수
<ruby>面積<rt>めんせき</rt></ruby> 면적	<ruby>面接<rt>めんせつ</rt></ruby> 면접	<ruby>毛布<rt>もうふ</rt></ruby> 담요	<ruby>目前<rt>もくぜん</rt></ruby> 눈앞
<ruby>友人<rt>ゆうじん</rt></ruby> 친구	<ruby>輸出<rt>ゆしゅつ</rt></ruby> 수출	<ruby>油田<rt>ゆでん</rt></ruby> 유전	<ruby>輸入<rt>ゆにゅう</rt></ruby> 수입
<ruby>由来<rt>ゆらい</rt></ruby> 유래	<ruby>陸地<rt>りくち</rt></ruby> 육지	<ruby>流域<rt>りゅういき</rt></ruby> 유역	<ruby>留学<rt>りゅうがく</rt></ruby> 유학
<ruby>量<rt>りょう</rt></ruby> 양	<ruby>和菓子<rt>わがし</rt></ruby> 일본식 과자	<ruby>和室<rt>わしつ</rt></ruby> 일본식 방	

훈독 명사

<ruby>空き<rt>あ</rt></ruby> 공간	<ruby>殻<rt>から</rt></ruby> 껍질	<ruby>革靴<rt>かわぐつ</rt></ruby> 가죽 신발	<ruby>地元<rt>じもと</rt></ruby> 그 고장, 그 지역, 고향
<ruby>手足<rt>てあし</rt></ruby> 손발, 팔다리	<ruby>手帳<rt>てちょう</rt></ruby> 수첩	<ruby>無し<rt>な</rt></ruby> 없음	<ruby>波<rt>なみ</rt></ruby> 파도
<ruby>人気者<rt>にんきもの</rt></ruby> 인기인	<ruby>丸<rt>まる</rt></ruby> 동그라미	<ruby>土産<rt>みやげ</rt></ruby> 토산품	<ruby>家賃<rt>やちん</rt></ruby> 집세
<ruby>輪<rt>わ</rt></ruby> 원형			

2 동사

<ruby>預かる<rt>あず</rt></ruby> 맡다	<ruby>暴れる<rt>あば</rt></ruby> 난폭하게 굴다	<ruby>争う<rt>あらそ</rt></ruby> 경쟁하다
<ruby>祈る<rt>いの</rt></ruby> 기도하다	<ruby>浮かぶ<rt>う</rt></ruby> 뜨다	<ruby>受かる<rt>う</rt></ruby> 합격하다
<ruby>失う<rt>うしな</rt></ruby> 잃다	<ruby>描く<rt>えが</rt></ruby> 그리다	<ruby>補う<rt>おぎな</rt></ruby> 보충하다
<ruby>贈る<rt>おく</rt></ruby> 보내다	<ruby>隠す<rt>かく</rt></ruby> 감추다	<ruby>隠れる<rt>かく</rt></ruby> 숨다
<ruby>削る<rt>けず</rt></ruby> 깍다, 삭감하다	<ruby>凍る<rt>こお</rt></ruby> 얼다	<ruby>焦げる<rt>こ</rt></ruby> 타다
ささやく 속삭이다	<ruby>誘う<rt>さそ</rt></ruby> 권유하다	ずれる 벗어나다

ためる 모아 두다, 모으다	縮れる 줄어들다	似る 닮다
ふざける 장난치다	まとめる 한데 모으다	求める 구하다
略する 생략하다	思い込む 굳게 믿다	思い付く 생각나다
区切る 구분 짓다	くっつける 달라붙게 하다	締め切る 마감하다
溶け込む 녹아들다, 융화되다	飛び込む 뛰어들다	払い込む 납부하다
引っ越す 이사하다	引っ込む 틀어박히다	見つかる 찾게 되다
見詰める 응시하다	呼びかける 호소하다	

3 い형용사

ありがたい 고맙다	重たい 무겁다	きつい 심하다, 꼭 끼다
煙たい 냅다, 거북하다	険しい 험하다	しつこい 집요하다, 끈덕지다
湿っぽい 축축하다	だらしない 깔끔하지 못하다	めでたい 경사스럽다
ゆるい 느슨하다		

4 な형용사

安価 값이 쌈	高価 값이 비쌈	好調 순조로움
幸福 행복함	公平 공평함	孤独 고독함
困難 곤란함	最適 최적임	幸い 다행임
逆さま 거꾸로 됨	盛ん 번성함	様々 여러 가지임
幸せ 행복함	順調 순조로움	積極的 적극적임

| 不純[ふじゅん] 불순함 | 不真面目[ふまじめ] 성실하지 못함 | 膨大[ぼうだい] 방대함 |
| 豊か[ゆた] 풍족함 | 楽[らく] 편안함 | |

5 부사 및 기타

かつて 일찍이	再三[さいさん] 두세 번, 여러 번	しだいに 서서히, 점차
少しも[すこ] 조금도	たびたび 번번이	そういえば 그러고 보면
だって 하지만	なぜなら 왜냐하면	人一倍[ひといちばい] 남보다 갑절
かさかさ 까칠까칠	ぎりぎり 아슬아슬하게	ぐったり 녹초가 된 모양, 축늘어짐
いらいら 안달복달하는 모양	せっせと 부지런히	ぞくぞく 연이어
次々[つぎつぎ] 잇달아	ばったり 딱, 뜻밖에 마주치는 모양	ぴったり 딱, 썩 잘어울리는 모양
～界[かい] ~계	～計[けい] ~계	総～[そう] 총~
～率[りつ] ~율, ~률		

6 가타카나어

オフィス 오피스	キャプテン 캡틴	グループ 그룹
コーチ 코치	サービス 서비스	ジャーナリスト 저널리스트
トレーニング 트레이닝	ノック 노크	ブーム 붐
ペット 애완동물	ベテラン 베테랑	ユーモア 유머

問題1 ＿＿＿＿の言葉の読み方として最もよいものを、1・2・3・4から一つ選びなさい。

1 地域の活性化のために協力しようではないですか。

    1 ちいき   2 ちえき   3 じいき   4 じえき

2 彼の行動は損得を離れたものであった。

    1 そんとく   2 そんどく   3 そんとぐ   4 そんどぐ

3 川に鉄橋をかける現場には危険も伴う。

    1 てつきょ   2 てっきょ   3 てつきょう   4 てっきょう

4 彼女は夫が無事に帰ってくることを祈っている。

    1 ねがって   2 ねらって   3 いのって   4 みのって

5 博覧会場は人の波で埋まっていた。

    1 なみ   2 しわ   3 みなと   4 みさき

問題2 ＿＿＿＿の言葉を漢字で書くとき、最もよいものを1・2・3・4から一つ選びなさい。

1 けわしい山道でトレーニングをするサッカー代表選手。

    1 倹しい   2 険しい   3 検しい   4 剣しい

2 大家さんがやちんを値上げして生活はだんだん苦しくなった。

    1 家賃   2 家貸   3 家貨   4 家貿

3 野球場で一緒におうえんをするとストレス解消にもなる。

    1 応援   2 応緩   3 応暖   4 応鍰

4 都心は地価が高いので、こうがいに家を建てる人が多いらしい。

    1 効外   2 郊外   3 校外   4 較外

5 交通事故多発地域だから右折禁止の<u>ひょうしき</u>を立てる。

1 漂識　　　　　　　2 漂職　　　　　　　3 標識　　　　　　　4 標職

問題3　(　　　　)に入れるのに最もよいものを、1・2・3・4から一つ選びなさい。

1 総理の支持(　　　　)は下がりつつある。

1 帯　　　　　　　　2 層　　　　　　　　3 率　　　　　　　　4 数

2 最近、デジタル温度(　　　　)がよく売れているそうだ。

1 状　　　　　　　　2 帯　　　　　　　　3 計　　　　　　　　4 器

3 医療(　　　　)が抱えている問題は深刻だ。

1 界　　　　　　　　2 会　　　　　　　　3 部　　　　　　　　4 区

4 日本の(　　　　)人口は約1億2千700万人だという。

1 皆　　　　　　　　2 総　　　　　　　　3 全　　　　　　　　4 合

5 不景気のため、資格(　　　　)が起こっている。

1 ブーム　　　　　　2 レベル　　　　　　3 スタイル　　　　　　4 チャンス

問題4　(　　　　)に入れるのに最もよいものを、1・2・3・4から一つ選びなさい。

1 駅で大学時代好きだった先輩と(　　　　)出会った。

1 やっと　　　　　　2 きっと　　　　　　3 すっきり　　　　　　4 ばったり

2 ^{もり}森さんは(　　　　)働いてお金をためた。

1 せっせと　　　　　2 しいん　　　　　　3 ぎりぎり　　　　　　4 びっくり

3 工事の騒音について付近の住民が皆(　　　　)を訴えた。

1 賛成　　　　　　　2 反対　　　　　　　3 注目　　　　　　　4 苦情

4 店の（　　　）の悪さにみんなあきれるばかりだった。

　　1 ベテラン　　　　　2 サービス　　　　　3 トレーニング　　　4 ユーモア

5 （　　　）のもいい加減にしなさい。

　　1 ずれる　　　　　　2 ふざける　　　　　3 くっつける　　　　4 それる

6 最近運動不足で少し太ったせいか、ズボンが（　　　）なった。

　　1 からく　　　　　　2 きつく　　　　　　3 ゆるく　　　　　　4 にぶく

7 パイロットは乗客の命を（　　　）いるという重要な任務がある。

　　1 になって　　　　　2 あずかって　　　　3 あきらめて　　　　4 できあがって

問題5　　　＿＿＿の言葉に意味が最も近いものを、1・2・3・4から一つ選びなさい。

1 今の仕事が順調に進んでいるのもあなたのおかげです。

　　1 スムーズ　　　　　2 ロマンチック　　　3 シリーズ　　　　　4 スタート

2 物がゆたかな時代になったが、人々の心は貧しい。

　　1 長点　　　　　　　2 長所　　　　　　　3 豊富　　　　　　　4 頂点

3 今の状況から見ると積極的な姿勢を取るべきだ。

　　1 温和な　　　　　　2 単純な　　　　　　3 前向きの　　　　　4 後回しの

4 赤字を補うため、節約を心がけている。

　　1 補充する　　　　　2 補強する　　　　　3 補佐する　　　　　4 補講する

5 強行軍で兵士はつぎつぎと倒れてしまった。

　　1 ぞくぞく　　　　　2 だんだん　　　　　3 たびたび　　　　　4 ちゃくちゃく

問題6　次の言葉の使い方として最もよいものを、1・2・3・4から一つ選びなさい。

1　改定

　1　この辞書は今回改定されるそうだ。

　2　来月から運賃が改定されることになった。

　3　今度の臨時国会で必ず移民法を改定すべきだ。

　4　憲法の改定をめぐって野党ばかりか与党も反対だそうだ。

2　思い付く

　1　急にいいアイデアを思い付いた。

　2　思い付いたら違った電車に乗っていた。

　3　彼は思い付いたらいつもうそをつくから信用できない。

　4　その仕事は簡単ですから、思い付いてやってください。

3　しだいに

　1　着替えはしだいにしなさい。

　2　ご飯はしだいに食べると健康にいい。

　3　社長の良さがしだいに分かってきた。

　4　この仕事はしだいにした方がいいですよ。

4　楽

　1　いつでも楽に遊びに来てください。

　2　大学生ならこの問題は楽に解けるでしょう。

　3　欲しかった物を手に入れて本当に楽な思いをした。

　4　震災で失った物も多かったが、家族が無事であることは不幸中の楽だ。

5　支配する

　1　首相が国民を支配するリーダーシップはすごい。

　2　ルームメートが留学生活を支配してくれて助かった。

　3　実際にこの会社を支配しているのは社長の息子さんだ。

　4　上等な贈り物をいただき、これからは支配させてください。

정답은 P.138

CHAPTER 5

1 명사

음독 명사

あいさつ 挨拶 인사	いしき 意識 의식	いちぶぶん 一部分 일부분	いっち 一致 일치
いっぱい 一杯 한 잔	いっぷく 一服 잠시 쉼	えんりょ 遠慮 사양함	かいがん 海岸 해안
かいぎ 会議 회의	かいだん 会談 회담	かおく 家屋 가옥	かくご 覚悟 각오
かさい 火災 화재	かし 菓子 과자	かてい 家庭 가정	きっさてん 喫茶店 다방
ぎょぎょう 漁業 어업	ぎょせん 漁船 어선	きんぱく 緊迫 긴박	くうこう 空港 공항
けいこく 警告 경고	けいび 警備 경비	げしゃ 下車 하차	けんこう 健康 건강
けんそん 謙遜 겸손	こうえん 講演 강연	こうぎ 講義 강의	こうせい 公正 공정
さべつ 差別 차별	さんぎょう 産業 산업	じさ 時差 시차	じたい 辞退 사퇴
しっかく 失格 실격	しつれい 失礼 실례	じゃま 邪魔 방해	しゅうかく 収穫 수확
しゅうのう 収納 수납	しゅうよう 収容 수용	しゅざい 取材 취재	しゅしょう 首相 수상
しゅっせ 出世 출세	しゅだん 手段 수단	じょうきゃく 乗客 승객	じょうしき 常識 상식
じょうしゃ 乗車 승차	しょうじょう 症状 증상	しょうち 承知 승낙	しょうちょう 象徴 상징
しょうてん 焦点 초점	しょうとつ 衝突 충돌	しょこく 諸国 제국	しんがく 進学 진학
すうねん 数年 몇 년	せんきょ 選挙 선거	せんじつ 先日 요전, 전번	せんそう 戦争 전쟁
せんたく 選択 선택	そくてい 測定 측정	だいぶぶん 大部分 대부분	たしょう 多少 다소, 많음과 적음
ちゅうい 注意 주의	ちゅうけい 中継 중계	ちゅうし 中止 중지	ちゅうしゃ 注射 주사
ちゅうにゅう 注入 주입	ちょうじかん 長時間 장시간	ていあん 提案 제안	でんごん 伝言 전언
とういつ 統一 통일	とうごう 統合 통합	とうち 統治 통치	にっか 日課 일과

はつおん 発音 말음	はっこう 発行 빌헹	ひ がい 被害 피해	ひ さい 被災 재해를 입음
ひ はん 批判 비판	ひ ひょう 批評 비평	ふう ふ 夫婦 부부	ふ きん 付近 부근
へん か 変化 변화	まんしつ 満室 만실	ゆうえん ち 遊園地 유원지	ゆうぜい 遊説 유세
ゆうそう 郵送 우송	ようてん 要点 요점	よ か 余暇 여가	よ はく 余白 여백
よ ゆう 余裕 여유	りょうしん 良心 양심	(お)礼 れい 사례	

훈독 명사

いわ 祝い 축하	おい 甥 남자 조카	おおあめ 大雨 호우	おおかぜ 大風 강풍
かわ お代わり 같은 음식을 더 먹음		おとな 大人 어른	かたち 形 모양
かみなり 雷 벼락	き み 黄身 노른자위	きり 霧 안개	しらが 白髪 백발
しろ み 白身 흰자위	たが 互い 서로	たたみ 畳 다다미	たまご 卵 알
て い 手入れ 손질	て が 手書き 손으로 씀	て つづ 手続き 절차	て ま 手間 수고
どろ 泥 진흙	ひとくち 一口 한입	ふた ご 双子 쌍둥이	ふもと (산)기슭
まご 孫 손자	むすこ 息子 아들	ゆ 湯 끓인 물	りょうがえ 両替 환전
わか 別れ 이별			

2 동사

うご 動かす 움직이다	うなる 신음하다	くる 狂う 미치다
こぼれる 넘쳐흐르다	ころ 殺す 죽이다	ころ 転ぶ 구르다
さ 錆びる 녹슬다	しめ 湿る 축축하다, 눅눅하다, 우울해지다	しびれる 저리다
しぼ 絞る 쥐어짜다, 좁히다	すく 救う 구하다	すわ 座る 앉다
ぞく 属する 속하다, 소속하다	たの 頼む 부탁하다	ちか 誓う 맹세하다

つぶす 찌그러뜨리다, (시간을) 때우다	つまずく 발이 걸려 넘어질 뻔하다	積もる 쌓이다
溶ける 녹다	整う 정돈되다	並べる 줄지어 놓다
延べる 펴다	拾う 줍다	ぶつける 부딪다
蒸す 찌다, 무덥다	沸く (물이) 끓다	割る 쪼개다, 나누다
割れる 깨지다	言い出す 말을 꺼내다, 입에 올리다	売り切れる 다 팔리다
片付く 정돈되다	気づく 눈치채다	仕上げる 일을 끝내다
背負う 짊어지다	近づく 접근하다	取り出す 꺼내다
引っかかる 걸리다	振舞う 행동하다	目指す 목표로 하다
割り込む 끼어들다		

3 い형용사

うまい 맛있다, 솜씨가 좋다	遅い 늦다	重い 무겁다
偉い 훌륭하다	賢い 현명하다	堅い 단단하다, 굳다
難い 어렵다	細かい 상세하다	
騒々しい 시끄럽다, 어수선하고 뒤숭숭하다		まぶしい 눈부시다
もったいない 아깝다		

4 な형용사

安易 안이함, 손쉬움	下等 품질이 떨어짐	下品 품위가 없음
爽やか 상쾌함	自然 자연스러움	重大 중대함

じゅうなん 柔軟 유연함	じゅうよう 重要 중요함	じゅんすい 純粋 순수함
しょうきょくてき 消極的 소극적	しょうさい 詳細 상세함	じょうとう 上等 뛰어남
じょうひん 上品 고상함	でこぼこ 울퉁불퉁함	ふ じゅん 不順 불순함
み ごと 見事 훌륭함	めんどう 面倒 번거로움	

いったい 一体 도대체	おおいに 대단히	かわりに 대신
きゅう 急に 갑자기	さきほど 先程 아까	しきりに 계속해서, 줄곧
そのうち 일간, 가까운 시일 안에	とたんに 바로 그 순간	とっくに 훨씬 전에
はじめに 처음에	まさに 정말로	むしろ 오히려
めったに 좀처럼<부정 동반>	わりに・わりと 비교적	そのうえ 게다가, 또한
ただし 단, 다만	こっそり 몰래	さっさと 빨랑빨랑, 데꺽, 척척
にっこり 생긋	～上 じょう ~상	～付き 붙어 있음, 부속됨
～別 べつ ~별	もと 元～ 전~	～料 りょう ~료

アイロン 다리미	アマチュア 아마추어	カーブ 커브
サイン 사인	チャンス 찬스	トラック 트럭
プラス 플러스		

問題1　_____の言葉の読み方として最もよいものを、1・2・3・4から一つ選びなさい。

1　「成田<ruby>成田<rt>なりた</rt></ruby>空港は空の玄関」だと言われている。

1　こうくう　　　　　2　ごうくう　　　　　3　くうこう　　　　　4　くうごう

2　新聞に<ruby>本田<rt>ほんだ</rt></ruby>さんの批評が載った。

1　びひょう　　　　　2　ひひょう　　　　　3　びへい　　　　　　4　ひへい

3　「良妻賢母」というのは良い妻、賢い母の意味を指す。

1　くどい　　　　　　2　ほそい　　　　　　3　しつこい　　　　　4　かしこい

4　夕べはひどく蒸して眠れなかった。

1　かして　　　　　　2　さして　　　　　　3　まして　　　　　　4　むして

5　湖は白い霧に包まれていた。

1　つゆ　　　　　　　2　きり　　　　　　　3　しも　　　　　　　4　けむり

問題2　_____の言葉を漢字で書くとき、最もよいものを1・2・3・4から一つ選びなさい。

1　クラス全員の名前を名簿に書き込むのは本当にめんどうだ。

1　真到　　　　　　　2　真倒　　　　　　　3　面到　　　　　　　4　面倒

2　地球温暖化でぎょぎょうの量は減る一方だ。

1　魚業　　　　　　　2　魚僕　　　　　　　3　漁業　　　　　　　4　漁僕

3　彼は学者としてはえらいが、人間としては尊敬できない。

1　偉い　　　　　　　2　緯い　　　　　　　3　違い　　　　　　　4　遺い

4　小麦粉と<ruby>砂糖<rt>さとう</rt></ruby>を使っておかしを作ってみましょう。

1　お果子　　　　　　2　お菓子　　　　　　3　お果字　　　　　　4　お菓字

5 内閣総理大臣を総理、あるいは<u>しゅしょう</u>と呼ぶ。

    1 首相　　　　　　　2 首想　　　　　　　3 手相　　　　　　　4 手想

問題3　（　　　　）に入れるのに最もよいものを、1・2・3・4から一つ選びなさい。

1 木村さんは健康（　　　　）の理由で1年間休学した。

    1 上　　　　　　　　2 状　　　　　　　　3 態　　　　　　　　4 点

2 大型連休になると宿泊（　　　　）が高くなる理由はなぜだろう。

    1 金　　　　　　　　2 賃　　　　　　　　3 税　　　　　　　　4 料

3 憧れの歌手のサイン（　　　　）CDをもらった。

    1 寄り　　　　　　　2 掛け　　　　　　　3 添え　　　　　　　4 付き

4 一郎さんは（　　　　）野球選手なので、このチームではなくてはならない存在だ。

    1 前　　　　　　　　2 副　　　　　　　　3 本　　　　　　　　4 元

5 学習プリントを学年（　　　　）にリスト化してください。

    1 順　　　　　　　　2 準　　　　　　　　3 別　　　　　　　　4 系

問題4　（　　　　）に入れるのに最もよいものを、1・2・3・4から一つ選びなさい。

1 外出は自由だ。（　　　　）10時までには帰らなければならない。

    1 ただし　　　　　　2 たった　　　　　　3 だって　　　　　　4 それに

2 （　　　　）タバコを吸っているところを、先生に見られてしまった。

    1 すっきり　　　　　2 ぐっすり　　　　　3 こっそり　　　　　4 そっくり

3 そんな（　　　　）な考え方では失敗するにきまっている。

    1 容易　　　　　　　2 安易　　　　　　　3 平気　　　　　　　4 平安

4 　断られるのを（　　　　）で頼んでみるつもりだ。

　　1 信念　　　　　　2 自信　　　　　　　3 覚悟　　　　　　4 記憶

5 　それが真っ赤なうそであることは（　　　　）で分かるはずだ。

　　1 知識　　　　　　2 認識　　　　　　　3 常識　　　　　　4 意識

6 　お客様、こちらの書類に（　　　　）をお願いします。

　　1 ノック　　　　　2 サイン　　　　　　3 サイレン　　　　4 スタート

7 　長時間の正座で足が（　　　　）。

　　1 たおれた　　　　2 しびれた　　　　　3 たすかった　　　4 やくだった

問題5　　_____の言葉に意味が最も近いものを、1・2・3・4から一つ選びなさい。

1 　その条件ではあなたの提案は承知できない。

　　1 否定　　　　　　2 許可　　　　　　　3 我慢　　　　　　4 通知

2 　水をそんなに流してはもったいない。

　　1 おしい　　　　　2 おかしい　　　　　3 だらしない　　　4 たのもしい

3 　あなたのお陰で毎日買い物する手間が省けて助かる。

　　1 苦情　　　　　　2 苦労　　　　　　　3 危険　　　　　　4 証拠

4 　チャンスをつかむ。

　　1 機会　　　　　　2 逆転　　　　　　　3 昇進　　　　　　4 進出

5 　彼の勇気は見事なものがあった。

　　1 まぶしい　　　　2 きびしい　　　　　3 うらやましい　　4 すばらしい

問題6　次の言葉の使い方として最もよいものを、1・2・3・4から一つ選びなさい。

1 差別

1 みんな集まったら男性と女性に差別してください。

2 この部屋とあの部屋をそれぞれ差別して使うつもりだ。

3 女性だという理由で差別されるなんてあり得ない話だ。

4 観光客をバスに25名ずつ差別して乗せてください。

2 まぶしい

1 日本はまぶしい経済成長をとげた。

2 運動会で吉田君はまぶしい活躍をした。

3 先生の奥さんはまぶしいほどきれいです。

4 部長のコンピューターの仕事はまぶしいほど早い。

3 手続き

1 今日のトレーニングの手続きは何ですか。

2 元アナウンサーだけに司会の手続きがさすが違う。

3 留学の手続きは明日までに完了しなければならない。

4 うちのチームは手続きがひとつになっていて優勝するだろう。

4 ふもと

1 机のふもとに座って昼ご飯を食べた。

2 山のふもとまで野生動物が下りてきた。

3 このズボンのふもとを短くしてください。

4 レストランは会社のふもとの近くにあるのでいい。

5 にっこり

1 この問題はにっこりするほど難しい。

2 社長を怒らせたら、にっこりされかねない。

3 久しぶりに会った彼は私を見てにっこりと笑った。

4 その曲を聞いてにっこりと悲しくなった。

정답은 P.138

問題1 _____ の言葉の読み方として最もよいものを、1・2・3・4から一つ選びなさい。

1　日本の物価はアジア諸国より高いと言われている。
　　1 しょこく　　　　2 しょごく　　　　3 しゃこく　　　　4 しゃごく

2　宿題を置き忘れ、途中下車して家に戻った。
　　1 はしゃ　　　　　2 かしゃ　　　　　3 げしゃ　　　　　4 ししゃ

3　小さい字を書くには先の細いペンがいい。
　　1 まるい　　　　　2 かたい　　　　　3 ゆるい　　　　　4 ほそい

4　大学に入学したら、家庭教師をして学費を補うつもりだ。
　　1 したがう　　　　2 おぎなう　　　　3 うやまう　　　　4 からかう

5　監督のワイシャツは汗でぬれていた。
　　1 しわ　　　　　　2 あせ　　　　　　3 なみだ　　　　　4 におい

問題2 _____ の言葉を漢字で書くとき、最もよいものを1・2・3・4から一つ選びなさい。

6　何よりもけんこうが第一である。
　　1 建康　　　　　　2 建庸　　　　　　3 健康　　　　　　4 健庸

7　火山のばくはつは飛行機運行に大きな打撃を与えた。
　　1 暴発　　　　　　2 暴廃　　　　　　3 爆発　　　　　　4 爆廃

8　彼はゆかいな話し相手だといわれる人だ。
　　1 愈快　　　　　　2 愈決　　　　　　3 愉快　　　　　　4 愉決

9　夫は口がこえているから、食べ物にうるさい。
　　1 握えて　　　　　2 把えて　　　　　3 勝えて　　　　　4 肥えて

10 最近、こしの痛みを訴える患者がかなり増えた。

1 肘 2 腰 3 肝 4 腕

問題3 ( )に入れるのに最もよいものを、1・2・3・4から一つ選びなさい。

11 あの俳優は（ ）免許で運転中に追突事故を起こした。

1 非 2 無 3 来 4 副

12 この仕事は（ ）経験でもできる簡単な作業です。

1 未 2 準 3 逆 4 非

13 作品を年代（ ）に並べてください。

1 順 2 権 3 番 4 下

14 工学部の就職（ ）は90％を超えた。

1 度 2 率 3 倍 4 別

15 （ ）真面目な林さんのことだから、たぶん宿題をやってこないだろう。

1 非 2 不 3 否 4 未

問題4 ( )に入れるのに最もよいものを、1・2・3・4から一つ選びなさい。

16 自分のビジネスをしたいなら、まず経験を（ ）ことだ

1 積む 2 運ぶ 3 編む 4 叫ぶ

17 火事で家は失ったものの、家族の無事は何よりも（ ）だ。

1 辛い 2 幸い 3 幸せ 4 幸

18 乗組員は全員無事に（ ）。

1 出来上がった 2 仕上げた 3 救い出された 4 追い付いた

19 (   ) は子供の手が届く所に置くと危険な物だ。

1 アイロン   2 アクセル   3 アルバム   4 アクセント

20 お手紙 (   ) 拝見致しました。

1 くどく   2 のろく   3 ありがたく   4 あわただしく

21 友達との約束を (   ) 忘れた。

1 うっかり   2 がっかり   3 ぐったり   4 たっぷり

22 港に素晴らしいヨットが (   ) 入ってきた。

1 一船   2 一個   3 一台   4 一隻

問題5 _____ の言葉に意味が最も近いものを、1・2・3・4から一つ選びなさい。

23 ファッション界はフレッシュな感覚を求めている。

1 良好   2 流行   3 新鮮   4 適当

24 職場の休憩室に自動販売機を設置した。

1 もうけた   2 あずけた   3 たすけた   4 さずけた

25 根拠もないのに、推測で話をしてはいけない。

1 想像   2 創造   3 誇張   4 反論

26 さっさと歩け。

1 緩く   2 遅く   3 早く   4 鈍く

27 彼は酒癖（さけぐせ）が悪くてみんなにけむたがられている。

1 いやがられて   2 まぶしがられて   3 かわいがられて   4 さびしがられて

問題6 次の言葉の使い方として最もよいものを、1・2・3・4から一つ選びなさい。

28 ずきずき

1 風邪気味で頭がずきずきするのです。

2 机の下をよく見たら虫がずきずき動いていた。

3 他の人のイヤホンから音がずきずきして不愉快だった。

4 人の好みはずきずきでこの結果については何とも言えない。

29 向け

1 あちらの向けの方に進んでください。

2 この仕事は力が要るので、若い人向けです。

3 その家は南向けだから日がよく当たります。

4 この雑誌は若い男性向けなのに、女性の方の読者が多い。

30 帯びる

1 彼は昔住んでいた家が懐かしくて帯びている。

2 領土問題はしだいに軍事的な性格を帯びていた。

3 何とお帯びしたらいいか分からなくて困っている。

4 あの事件に関してはまだ傷を帯びているから、言わない方がいい。

31 改正

1 この本は今回新しく作った改正版です。

2 台風で壊れた橋の改正工事が行われている。

3 今の選挙法は新しく改正されるべきだと思う議員は多い。

4 今月からバスの運賃が10パーセントアップに改正された。

32 でこぼこ

1 このようなでこぼこした道で走ったら足をひねりかねない。

2 部長に何か言われた木村（きむら）さんの顔はでこぼこしていた。

3 いじめられた彼の心はすでにでこぼこしていた。

4 売り上げが上昇気味ででこぼこしている。

정답은 P.139

問題1 _____の言葉の読み方として最もよいものを、1・2・3・4から一つ選びなさい。

1　近くに大型スーパーができ、周囲の環境が変わった。

　　1 かんきょ　　　　2 かんきょう　　　　3 かんこう　　　　4 がんこう

2　この寺院は江戸時代に徳川家康によって建てられた。

　　1 しいん　　　　　2 じいん　　　　　　3 さいん　　　　　4 しゃいん

3　この小説は主人公の死で新たな局面を迎えることになった。

　　1 しんた　　　　　2 あらた　　　　　　3 あたらした　　　4 あらたした

4　夕べ洗ったシャツが乾いた。

　　1 みがいた　　　　2 のぞいた　　　　　3 まねいた　　　　4 かわいた

5　最近、登山客が雷に打たれて死ぬ事件が相次いでいる。

　　1 ひかり　　　　　2 かすみ　　　　　　3 けむり　　　　　4 かみなり

問題2 _____の言葉を漢字で書くとき、最もよいものを1・2・3・4から一つ選びなさい。

6　電話番号はメモをとる代わりにあんきするようにする。

　　1 暗記　　　　　　2 暗紀　　　　　　　3 案記　　　　　　4 案紀

7　このしゅじゅつをするには家族の同意を得なければならない。

　　1 手術　　　　　　2 手街　　　　　　　3 挙術　　　　　　4 挙街

8　あなたのけつえきがたは何ですか。

　　1 皿液形　　　　　2 皿液型　　　　　　3 血液形　　　　　4 血液型

9　ロンドンはソウルよりいどが高いのにそれほど寒くない。

　　1 偉度　　　　　　2 偉導　　　　　　　3 緯度　　　　　　4 緯導

10 小学校の時、教室のゆかをせっせと磨いたものだ。

1 庁 　　　　　2 床 　　　　　3 底 　　　　　4 座

問題3 （　　　　）に入れるのに最もよいものを、1・2・3・4から一つ選びなさい。

11 環境問題は（　　　　）世界が一つになって解決すべきである。

1 多 　　　　　2 完 　　　　　3 全 　　　　　4 諸

12 キャンパスの（　　　　）面積を計算してみる。

1 総 　　　　　2 真 　　　　　3 数 　　　　　4 超

13 将来、ヨットを1（　　　　）購入するのが夢だ。

1 台 　　　　　2 隻 　　　　　3 個 　　　　　4 匹

14 今回の金融危機は（　　　　）水準のリスクを伴うと思われる。

1 高 　　　　　2 上 　　　　　3 特 　　　　　4 頂

15 お子様（　　　　）の旅行に便利なサービスをご紹介致します。

1 伴い 　　　　2 添え 　　　　3 連れ 　　　　4 付き

問題4 （　　　　）に入れるのに最もよいものを、1・2・3・4から一つ選びなさい。

16 森さんは口が（　　　　）から、秘密をもらさないだろう。

1 重い 　　　　2 堅い 　　　　3 太い 　　　　4 軽い

17 私が死んだら海の見える（　　　　）に埋めてください。

1 砂 　　　　　2 丘 　　　　　3 壁 　　　　　4 床

18 父は30年間、工場で働いた（　　　　）だった。

1 トップ 　　　　2 エンジン 　　　　3 キャプテン 　　　　4 エンジニア

19 彼氏を待っている間、本屋で時間を（　　　）。

1 こわした　　　　2 たおした　　　　3 つぶした　　　　4 かくした

20 子供はご飯を食べないでおやつを（　　　）ねだっている。

1 しかくく　　　　2 かしこく　　　　3 しつこく　　　　4 あやうく

21 ご注文の品物は（　　　）に関わらずお届けいたします。

1 多少　　　　　　2 少々　　　　　　3 大量　　　　　　4 上下

22 絶対私の顔に（　　　）を塗るようなことはしないでください。

1 黒　　　　　　　2 油　　　　　　　3 泥　　　　　　　4 土

問題5 ＿＿＿＿の言葉に意味が最も近いものを、1・2・3・4から一つ選びなさい。

23 今度の試合でベストを尽くして頑張りましょう。

1 最高　　　　　　2 最善　　　　　　3 反撃　　　　　　4 逆転

24 この病気は伝染のおそれはありません。

1 迷う　　　　　　2 戦う　　　　　　3 移る　　　　　　4 疲れる

25 雨でせっかくの旅行があいにく中止になってしまった。

1 残念に　　　　　2 不利に　　　　　3 案外に　　　　　4 意外に

26 公務員試験に受かるため、せっせと図書館へ通っている。

1 こつこつ　　　　2 いきいき　　　　3 わいわい　　　　4 がらがら

27 アメリカで留学していた時、母の手料理が懐かしかった。

1 したしかった　　2 こいしかった　　3 かしこかった　　4 まぶしかった

問題6 次の言葉の使い方として最もよいものを、1・2・3・4から一つ選びなさい。

28 拝借

1 足りない金額は拝借してあげたいのですが。

2 先生がお拝借になった本は本当に役に立った。

3 この問題についてお知恵を拝借したいのですが。

4 先日、貴重な辞書をお拝借してありがとうございます。

29 移動

1 ビルの所有権を妻に移動した。

2 3月になると人事移動があって忙しい。

3 事務所を新しく移動次第、連絡いたします。

4 駐車違反の車は警官によって警察署に移動された。

30 にぎわう

1 遠足の前の晩は心がにぎわったものだ。

2 試験に受かってうれしい気持ちでにぎわった。

3 子供の日だけに遊園地は家族連れでにぎわっている。

4 来週からスケジュールがにぎわってくるから準備をしっかりしなさい。

31 いらいら

1 映画館の前に人がいらいらと行列ができている。

2 司法試験に受かり、先生にほめられていらいらした。

3 隣の子供はまだ3歳なのに舌が回るのでいらいらした。

4 人の前で私をバカにしたような夫の笑い声にはいらいらした。

32 しきりに

1 いつでもしきりに遊びに来てください。

2 すばらしい彼女の演技を皆しきりにほめた。

3 彼女は彼氏が東大出だとしきりに自慢していた。

4 逆転ホームランを打った選手にしきりに声援を送った。

정답은 P.139

CHAPTER 6

1 명사

음독 명사

依存 의존	雨季 우기	宇宙 우주	雨天 우천
運営 운영	永遠 영원	映画 영화	永久 영구
栄光 영광	栄養 영양	温泉 온천	回収 회수
海水浴 해수욕	改善 개선	改造 개조	回転 회전
回復 회복	画家 화가	価値 가치	観測 관측
観覧 관람	義務 의무	偶然 우연	景気 경기
県 현	原因 원인	検査 검사	現実 현실
建築 건축	貢献 공헌	公式 공식	高度 고도
混乱 혼란	差 차이	材料 재료	材質 재질
作業 작업	作文 작문	時期 시기	事故 사고
事実 사실	実際 실제	寿命 수명	状況 상황
状態 상태	資料 자료	診察 진찰	診断 진단
診療 진료	垂直 수직	税金 세금	税収 세수
製造 제조	製品 제품	世間 세간, 세상	接続 접속
全体 전체	専念 전념	水滴 물방울	相違 상위(서로 다름)
相互 상호	装置 장치	組織 조직	即座 즉석
続出 속출	対米 대미	妥協 타협	妥結 타결
中央 중앙	中心 중심	伝説 전설	納得 납득

発射 はっしゃ 발사	範囲 はんい 범위	版画 はんが 판화	番号 ばんごう 번호
悲劇 ひげき 비극	非行 ひこう 비행	美術 びじゅつ 미술	費用 ひよう 비용
疲労 ひろう 피로	封筒 ふうとう 봉투	武士 ぶし 무사	浮上 ふじょう 부상
舞踊 ぶよう 무용	貿易 ぼうえき 무역	封建 ほうけん 봉건	防災 ぼうさい 방재
防止 ぼうし 방지	防犯 ぼうはん 방범	募集 ぼしゅう 모집	模範 もはん 모범
木綿 もめん 솜	要領 ようりょう 요령	予定 よてい 예정	冷蔵庫 れいぞうこ 냉장고
例年 れいねん 예년	連続 れんぞく 연속	連敗 れんぱい 연패	老人 ろうじん 노인
労働 ろうどう 노동	路線 ろせん 노선	路面 ろめん 노면	論理 ろんり 논리

훈독 명사

首 くび 목	景色 けしき 경치	現場 げんば 현장	この度 たび 이번, 금번
隅 すみ 구석	中火 ちゅうび 중간불	机 つくえ 책상	強火 つよび 센 불
日当たり ひあ 볕이 듦, 양달	星 ほし 별	窓 まど 창문	湖 みずうみ 호수
行方 ゆくえ 행방	弱火 よわび 약한 불	訳 わけ 이유	割合 わりあい 비율

2 동사

預ける あず 맡기다	移る うつ 옮기다	埋める う 묻다, 메우다
収める おさ 넣다, 거두다	治める おさ 진정시키다, 다스리다	納める おさ 납부하다
修める おさ 수양하다	数える かぞ (수를) 세다	こぐ (배를) 젓다, (자전거 페달을) 밟다
沈む しず 가라앉다, (해·달이) 지다	占める し 차지하다	信じる しん 믿다
済ませる す 끝내다	そろう (인원수가) 차다	そろえる 맞추다
蓄える たくわ 저장하다, 비축하다	畳む たた (이불, 옷 등을) 개다	だます 속이다

黙^{だま}る 입을 다물다	試^{ため}す 시험하여 보다	保^{たも}つ 유지하다
頼^{たよ}る 의지하다	詰^つめる 채우다	慣^なれる 길들다
延^のびる (시간이) 연장되다	はめる 끼다, 끼우다	広^{ひろ}がる 넓어지다
ふくらます 부풀게 하다	ふくらむ 부풀다	滅^{ほろ}びる 망하다
守^{まも}る 지키다	燃^もえる (불)타다	寄^よせる 밀려오다
追^おい越^こす 추월하다, 앞지르다	取^とり消^けす 취소하다	話^{はな}しかける 말을 걸다
話^{はな}し込^こむ 충분히 이야기하다	話^{はな}し出^だす 말을 꺼내다	見^み直^{なお}す 다시 보다
見^み舞^まう 위문하다, 문병하다, (달갑지 않은 것이) 찾아오다		

3　い형용사

薄暗^{うすぐら}い 조금 어둡다	痒^{かゆ}い 가렵다	清^{きよ}い 깨끗하다
臭^{くさ}い 구리다	くだらない 시시하다	怖^{こわ}い 무섭다
たくましい 억세다, 다부지다	強^{つよ}い 강하다	辛^{つら}い 힘들다
苦^{にが}い 쓰다	鈍^{にぶ}い 둔하다	ぬるい 미지근하다
のろい 느리다	みっともない 꼴불견이다	

4　な형용사

巨大^{きょだい} 거대함	地味^{じみ} 수수함	真剣^{しんけん} 진지함
深刻^{しんこく} 심각함	新鮮^{しんせん} 신선함	素直^{すなお} 순진함
せっかち 성급함	相当^{そうとう} 상당함	率直^{そっちょく} 솔직함

ぞんざい 무례함	退屈 지루힘	大胆 대담함
平ら 평평함	短気 성미가 급함	不親切 불친절함

5 부사 및 기타

案外 뜻밖에, 의외로	一斉に 일제히	一般に 일반적으로
しばしば 자주	どうせ 어차피	ひじょうに 몹시
ひっしに 필사적으로	まっさきに 제일 먼저	もしも 만약
やがて 이윽고	やたらに 함부로, 무턱대로, 마구	ようするに 요컨대
ごろごろ 뒹굴뒹굴, 데굴데굴	こつこつ 꾸준히 노력하는 모양	のんびり 한가로이, 느긋함
ぼんやり 우두커니, 멍하게	～明け 끝남, 끝난 직후	重～ 중~
～症 ~증	～状 ~장	対～ 대~
～並み ~과 같은	半～ 반~	役に立つ 유용하다

6 가타카나어

イメージ 이미지	サンプル 샘플	シーズン 시즌
シングル 싱글	スケジュール 스케줄	スタート 스타트
タイヤ 타이어	テーマ 테마	ファイル 파일
ファクス 팩스	フォーカス 포커스	ポスター 포스터
ミス 미스, 실수	メール 메일	ロケット 로켓

問題1　_____の言葉の読み方として最もよいものを、1・2・3・4から一つ選びなさい。

1　ロケットの発射実験をする国は意外に多い。

　　1　はつさ　　　　　2　はっさ　　　　　3　はつしゃ　　　　4　はっしゃ

2　この国の男性の平均寿命は85歳だそうだ。

　　1　しゅめい　　　　2　じゅめい　　　　3　しゅみょ　　　　4　じゅみょう

3　夕べ怖い夢を見た。

　　1　わるい　　　　　2　こわい　　　　　3　かるい　　　　　4　せまい

4　汚職事件について首相は黙っていた。

　　1　たまって　　　　2　だまって　　　　3　ゆれって　　　　4　ためらって

5　写真の右下の隅にいる人が彼氏です。

　　1　よこ　　　　　　2　はし　　　　　　3　すみ　　　　　　4　そば

問題2　_____の言葉を漢字で書くとき、最もよいものを1・2・3・4から一つ選びなさい。

1　交通事故のげんいんは運転手の居眠りだ。

　　1　原困　　　　　　2　原因　　　　　　3　源困　　　　　　4　源因

2　福利厚生をかいぜんしてほしいという声が相次ぐ。

　　1　開善　　　　　　2　開繕　　　　　　3　改善　　　　　　4　改繕

3　景気がかいふくし、デパートは買い物客でにぎわっている。

　　1　回復　　　　　　2　回腹　　　　　　3　会復　　　　　　4　会腹

4　太陽は見る見るうちに西にしずんだ。

　　1　沈んだ　　　　　2　選んだ　　　　　3　親んだ　　　　　4　悲んだ

5 いい論文を書くためには、先ず研究<u>しりょう</u>を集めるのが必要だ。

1 賃料　　　　　　2 資料　　　　　　3 賃糧　　　　　　4 資糧

問題3　（　　　　）に入れるのに最もよいものを、1・2・3・4から一つ選びなさい。

1 この電気製品は耐久性が優れ、（　　　）永久的だ。

1 半　　　　　　　2 伴　　　　　　　3 反　　　　　　　4 倍

2 この国の（　　　　）米貿易の依存度は高い。

1 来　　　　　　　2 対　　　　　　　3 今　　　　　　　4 約

3 アルコール依存（　　　）は精神的な病気である。

1 通　　　　　　　2 症　　　　　　　3 性　　　　　　　4 証

4 父の手を見ると（　　　　）労働をしたことが分かる。

1 高　　　　　　　2 重　　　　　　　3 圧　　　　　　　4 強

5 下半期の経済成長率は例年（　　　）になる見込みです。

1 並み　　　　　　2 同じ　　　　　　3 伴い　　　　　　4 付き

問題4　（　　　　）に入れるのに最もよいものを、1・2・3・4から一つ選びなさい。

1 オーケストラ団員の今月の（　　　　）を立てる。

1 シーズン　　　　2 シリーズ　　　　3 スケジュール　　4 テーマ

2 君の提案は誰も（　　　　）できないだろう。

1 配達　　　　　　2 納得　　　　　　3 診断　　　　　　4 伝達

3 あのドレスはパーティーへ行くには、ちょっと（　　　　）すぎる。

1 地味　　　　　　2 強引　　　　　　3 妥当　　　　　　4 正直

4 　彼の講演は本当に（　　　　）ものだった。

　　1　くだらない　　　　2　もったいない　　　　3　もうしわけない　　　4　しかたがない

5 　赤ちゃんを保育園に（　　　　）働く夫婦はかなり多い。

　　1　さずけて　　　　　2　あずけて　　　　　　3　たすけて　　　　　　4　かたづけて

6 　心配していたが、仕事は（　　　　）楽だった。

　　1　案外　　　　　　　2　実際　　　　　　　　3　本当　　　　　　　　4　率直

7 　ここにいる間は（　　　　）していてください。

　　1　たっぷり　　　　　2　ぎっしり　　　　　　3　のんびり　　　　　　4　ぐっすり

問題5　　_____の言葉に意味が最も近いものを、1・2・3・4から一つ選びなさい。

1 　この世に役に立つ人になるのが私の夢です。

　　1　貢献する　　　　　2　活躍する　　　　　　3　横行する　　　　　　4　希望する

2 　送られてきた品は見本通りだった。

　　1　ゲスト　　　　　　2　サンプル　　　　　　3　サービス　　　　　　4　コマーシャル

3 　こんな恥ずかしい格好は、誰にも見られたくない。

　　1　おしい　　　　　　2　みっともない　　　　3　もったいない　　　　4　おとなしい

4 　この地方ではこのようなことがしばしば起こる。

　　1　そろそろ　　　　　2　ぞくぞく　　　　　　3　たびたび　　　　　　4　かたかた

5 　自分の人生については真剣に考えるべきだ。

　　1　真面目　　　　　　2　率直　　　　　　　　3　新鮮　　　　　　　　4　健康

問題6　次の言葉の使い方として最もよいものを、1・2・3・4から一つ選びなさい。

1　納める

1　税金を<u>納める</u>のは国民の義務として当然だ。

2　キャプテンの活躍でチームは勝利を<u>納めた</u>。

3　イギリスを<u>納めた</u>国王は何人ぐらいですか。

4　学問を<u>納める</u>ため、多くの若者は留学に行く。

2　観測

1　台風の動きを<u>観測</u>する作業は難しい。

2　明日の予定を<u>観測</u>して報告してください。

3　木村（きむら）先生は人の長点を<u>観測</u>するのが優れている。

4　我々の<u>観測</u>では彼はこの会には来ないでしょう。

3　ぼんやり

1　空を<u>ぼんやり</u>と眺めていた。

2　暖かい春が<u>ぼんやり</u>とやってきた。

3　大事な約束を<u>ぼんやり</u>と忘れてしまった。

4　うちのチームは<u>ぼんやり</u>と負けてしまった。

4　どうせ

1　<u>どうせ</u>後悔してもはじまらない。

2　周りの人が<u>どうせ</u>反対してもあきらめない。

3　結果はともかく、<u>どうせ</u>やるなら最後までがんばろう。

4　<u>どうせ</u>遅く出発したから、だれも待ってくれないだろう。

5　こぐ

1　ボールを遠くまで<u>こいだ</u>。

2　馬は荷物を<u>こぐ</u>力がすごい。

3　水を<u>こぐ</u>と濁るからこがないでください。

4　早くペダルを<u>こがない</u>と追い越されるぞ。

정답은 P.139

급소공략 N2 문자·어휘

CHAPTER 7

1 명사

음독 명사

あくしゅ 握手 악수	あくてんこう 悪天候 악천후	いしゃ 医者 의사	い どう 異動 (인사) 이동
いんたい 引退 은퇴	えきいん 駅員 역무원	えきしゃ 駅舎 역사, 정거장 건물	えきたい 液体 액체
えん ぎ 演技 연기	えんぜつ 演説 연설	えんそう 演奏 연주	えんたい 延滞 연체
えんちょう 延長 연장	かいさん 解散 해산	かいせつ 解説 해설	かいそく 快速 쾌속
かいちょう 快調 쾌조	かいとう 解答 해답	かいほう 解放 해방	か がく 科学 과학
か せつ 仮説 가설	か ちょう 課長 과장	か てい 仮定 가정	か てい 課程 과정
か はんすう 過半数 과반수	か めん 仮面 가면	か もく 科目 과목	かんしょう 鑑賞 감상
ぎ せい 犠牲 희생	きょうどう 共同 공동	きょう ふ 恐怖 공포	き ろく 記録 기록
ぎ ろん 議論 의논, 논의	けいしょう 継承 계승	けいたい 形態 형태	げん ど 限度 한도
こうじょうけん 好条件 좋은 조건	こくふく 克服 극복	ざつおん 雑音 잡음	さつじん 殺人 살인
ざっそう 雑草 잡초	ざつだん 雑談 잡담	さん か 参加 참가	し きん 資金 자금
し こう 思考 사고	じ しん 自身 자신, 자기	し そう 思想 사상	しつぎょう 失業 실업
し ほん 資本 자본	じゃくてん 弱点 약점	しゅうせい 修正 수정	じゅうたい 渋滞 정체
しゅう り 修理 수리	し よう 使用 사용	しょ じ 所持 소지	しょ ゆう 所有 소유
せいちょう 成長 성장	せいとう 政党 정당	せいはんたい 正反対 정반대	せっすい 節水 절수
せつでん 節電 절전	そうおん 騒音 소음	そうごう 総合 종합	そうじゅう 操縦 조종
そう り 総理 총리	だいじん 大臣 대신	た がく 多額 다액	た りょう 多量 다량
たんしょ 短所 단점	ち え 知恵 지혜	ちょう さ 調査 조사	つい か 追加 추가

<ruby>追伸<rt>ついしん</rt></ruby> 추신	<ruby>追突<rt>ついとつ</rt></ruby> 추돌	<ruby>到着<rt>とうちゃく</rt></ruby> 도착	<ruby>登録<rt>とうろく</rt></ruby> 등록
<ruby>難色<rt>なんしょく</rt></ruby> 난색	<ruby>入場<rt>にゅうじょう</rt></ruby> 입장	<ruby>入浴<rt>にゅうよく</rt></ruby> 입욕	<ruby>把握<rt>はあく</rt></ruby> 파악
<ruby>拍手<rt>はくしゅ</rt></ruby> 박수	<ruby>半永久<rt>はんえいきゅう</rt></ruby> 반영구	<ruby>比較<rt>ひかく</rt></ruby> 비교	<ruby>表示<rt>ひょうじ</rt></ruby> 표시
<ruby>秒速<rt>びょうそく</rt></ruby> 초속	<ruby>品質<rt>ひんしつ</rt></ruby> 품질	<ruby>品種<rt>ひんしゅ</rt></ruby> 품종	<ruby>貧富<rt>ひんぷ</rt></ruby> 빈부
<ruby>品目<rt>ひんもく</rt></ruby> 품목	<ruby>返却<rt>へんきゃく</rt></ruby> 반각, 반환	<ruby>返済<rt>へんさい</rt></ruby> 반제	<ruby>返品<rt>へんぴん</rt></ruby> 반품
<ruby>不潔<rt>ふけつ</rt></ruby> 불결	<ruby>目標<rt>もくひょう</rt></ruby> 목표	<ruby>文句<rt>もんく</rt></ruby> 문구, 불만	<ruby>約<rt>やく</rt></ruby> 약
<ruby>要求<rt>ようきゅう</rt></ruby> 요구	<ruby>容姿<rt>ようし</rt></ruby> (여성의) 얼굴 모양과 자태	<ruby>用心<rt>ようじん</rt></ruby> 조심, 주의, 경계	<ruby>浴室<rt>よくしつ</rt></ruby> 욕실
<ruby>翌日<rt>よくじつ</rt></ruby> 익일	<ruby>予測<rt>よそく</rt></ruby> 예측	<ruby>落選<rt>らくせん</rt></ruby> 낙선	<ruby>理想<rt>りそう</rt></ruby> 이상
<ruby>領収書<rt>りょうしゅうしょ</rt></ruby> 영수증	<ruby>例外<rt>れいがい</rt></ruby> 예외	<ruby>連絡<rt>れんらく</rt></ruby> 연락	<ruby>論争<rt>ろんそう</rt></ruby> 논쟁
<ruby>和風<rt>わふう</rt></ruby> 일본풍			

훈독 명사

<ruby>足跡<rt>あしあと</rt></ruby> 발자국	<ruby>足音<rt>あしおと</rt></ruby> 발소리	<ruby>足元<rt>あしもと</rt></ruby> 발 밑	<ruby>過ち<rt>あやま</rt></ruby> 실수, 잘못
<ruby>打ち合わせ<rt>うあ</rt></ruby> 타합, 협의	おしゃべり 수다쟁이	けち 구두쇠, 인색함	<ruby>底<rt>そこ</rt></ruby> 밑바닥
<ruby>棚<rt>たな</rt></ruby> 선반	<ruby>谷<rt>たに</rt></ruby> 계곡	<ruby>土遊び<rt>つちあそ</rt></ruby> 흙장난	<ruby>荷物<rt>にもつ</rt></ruby> 짐
<ruby>間際<rt>まぎわ</rt></ruby> (어떤 일이 행해지려는) 직전		<ruby>群れ<rt>む</rt></ruby> 떼, 무리	<ruby>催し<rt>もよお</rt></ruby> 행사
<ruby>災い<rt>わざわ</rt></ruby> 화, 재난			

2 동사

<ruby>誤る<rt>あやま</rt></ruby> 실수하다, 잘못하다	<ruby>謝る<rt>あやま</rt></ruby> 사과하다	<ruby>刻む<rt>きざ</rt></ruby> 잘게 썰다, 새기다
<ruby>暮らす<rt>く</rt></ruby> 살아가다	こだわる 구애되다	さだまる 정해지다
<ruby>炊く<rt>た</rt></ruby> (밥을) 짓다	<ruby>散らかす<rt>ち</rt></ruby> 어지르다	<ruby>散らかる<rt>ち</rt></ruby> 흩어지다, 어질러지다

伝える 전하다	包む 싸다, 두르다	照らす 비추어서 밝히다
鳴らす 울리다	願う 원하다	望む 바라다
含む 포함하다	負ける 지다	剥く (껍질 등을) 벗기다
沸かす 끓이다	わびる 사죄하다	打ち合わせる 미리 상의하다
探し回る 찾아다니다	さかのぼる 거슬러 올라가다	立ち上がる 일어나다
近寄る 가까이 가다	ついている 재수가 있다, 운이 있다	問い合わせる 문의하다
怒鳴る 호통치다	取り上げる 집어들다	取り入れる 거두어들이다
取り替える 교환하다	取り換える 바꾸다	乗り越える 극복하다
引っくり返す 뒤집다	引っ張る 잡아끌다	振り向く 뒤돌아보다
見下ろす 내려다보다	見慣れる 낯익다	

3 い형용사

うるさい 시끄럽다	かわいい 귀엽다	詳しい 상세하다
つらい 괴롭다	はなはだしい (정도가) 심하다	丸い 둥글다
醜い 보기 흉하다	珍しい 희귀하다, 진귀하다	若い 젊다

4 な형용사

大柄 몸집이 큼	小柄 몸집이 작음	活発 활발함
奇妙 기묘함	多忙 다망함	貪欲 탐욕스러움
和やか 온화함	生意気 건방짐	生半可 어중간함

滑^{なめ}らか 미끄러움	にこやか 싱글벙글함	熱心^{ねっしん} 열심임
のどか 마음이 편하고 한가로움	のんき 무사태평함	よけい 쓸데없음

5 부사 및 기타

いちいち 일일이	おのおの 각자	かたがた 이것저것
徐々^{じょじょ}に 서서히	せいぜい 기껏해야	せっかく 모처럼
そろそろ 이제 슬슬	後^{のち}ほど 나중에	再^{ふたた}び 두 번, 재차, 다시
うろうろ 어정버정, 허둥지둥	じっとして 꼼짝 않고 가만히	ぴかぴか 반짝반짝
ぺこぺこ 굽실굽실	悪^{あく}〜 악~	〜家^か ~가
〜機^き ~기	〜切^ぎれ ~끝남	〜済^ずみ 끝남, ~필
正^{せい}〜 정~	〜通^{つう} ~통<그 방면에 정통함>	〜補^ほ ~보

6 가타카나어

エース 에이스	エンジン 엔진	オートメーション 오토메이션
カバー 커버	コミュニケーション 커뮤니케이션	
コレクション 컬렉션	スーツケース 슈트케이스	スピーチ 스피치
パス 패스	ファッション 패션	マイナス 마이너스

問題1 _____の言葉の読み方として最もよいものを、1・2・3・4から一つ選びなさい。

1 問題解決のためにみんな<u>知恵</u>を絞り出した。

　1 じえ　　　　　2 じへ　　　　　3 ちえ　　　　　4 ちへ

2 法務<u>大臣</u>は国会で不法滞在者についてこう述べた。

　1 だいしん　　　2 だいじん　　　3 ないしん　　　4 ないじん

3 先生の説明はいつも明快で<u>詳しい</u>。

　1 くやしい　　　2 けわしい　　　3 くわしい　　　4 したしい

4 亡き父の遺言を心に<u>刻む</u>。

　1 かむ　　　　　2 こむ　　　　　3 きざむ　　　　4 おがむ

5 株価は<u>底</u>を打って上昇気味だ。

　1 くら　　　　　2 そこ　　　　　3 いた　　　　　4 ゆか

問題2 _____の言葉を漢字で書くとき、最もよいものを1・2・3・4から一つ選びなさい。

1 会議の内容をいちいち<u>きろく</u>するのは大変なことだ。

　1 記録　　　　　2 記緑　　　　　3 紀録　　　　　4 紀緑

2 今度の社員研修は全員参加すること。<u>れいがい</u>は認めない。

　1 列外　　　　　2 列該　　　　　3 例外　　　　　4 例該

3 どの<u>せいとう</u>を支持していますか。

　1 正堂　　　　　2 正党　　　　　3 政堂　　　　　4 政党

4 今年の大学入試は<u>ひかく</u>的易しかった。

　1 比交　　　　　2 比較　　　　　3 批交　　　　　4 批較

いまさら<u>ぎろん</u>してもしようがない。

    1 義倫   2 義論   3 議倫   4 議論

問題3　(　　　)に入れるのに最もよいものを、1・2・3・4から一つ選びなさい。

1　この溶接(　　　)は初心者でも使える。

    1 機   2 械   3 気   4 式

2　渡された名刺の肩書きには課長(　　　)と書いてあった。

    1 係   2 補   3 副   4 当

3　ソクラテスは偉大な思想(　　　)として広く研究されている。

    1 家   2 者   3 人   4 方

4　(　　　)天候のために、飛行機の欠航が相次いでいる。

    1 不   2 非   3 悲   4 悪

5　兄の性格と私の性格は(　　　)反対です。

    1 正   2 半   3 量   4 必

問題4　(　　　)に入れるのに最もよいものを、1・2・3・4から一つ選びなさい。

1　二度と(　　　)こんな過ちを繰り返さないようにしてください。

    1 さらに   2 あえて   3 ふたたび   4 かわり

2　大統領の演説が終わると、場内から(　　　)が起こった。

    1 拍手   2 握手   3 応援   4 声援

3　必要以上にお金や物を惜しむ人を(　　　)という。

    1 ばつ   2 あざ   3 けち   4 くせ

4 　食事に誘われ、（　　　　）物ばかり食べた。

1 のろい　　　　　　2 おしい　　　　　　3 めずらしい　　　　4 まぶしい

5 　佐藤先生の切手（　　　　）は目を見張るものがあった。

1 フォーカス　　　　2 ファッション　　　3 コレクション　　　4 キャラクター

6 　みかんは皮を（　　　　）食べる果物です。

1 だいて　　　　　　2 さして　　　　　　3 むいて　　　　　　4 むして

7 　山火事にただ（　　　　）するばかりだった。

1 よちよち　　　　　2 よろよろ　　　　　3 うろうろ　　　　　4 くたくた

問題5　　_____の言葉に意味が最も近いものを、1・2・3・4から一つ選びなさい。

1 　打ち合わせの通りに事を進行する。

1 テーマ　　　　　　　　　　　　　2 トピック

3 ミーティング　　　　　　　　　　4 コミュニケーション

2 　すべての人には長所もあれば短所もある。

1 短点　　　　　　　2 欠点　　　　　　　3 焦点　　　　　　　4 元点

3 　ここから駅まで徒歩で、約15分ぐらいはかかるでしょう。

1 もう　　　　　　　2 少々　　　　　　　3 やっと　　　　　　4 およそ

4 　山本さんは仕事でいつも忙しいのに、部屋がいつもぴかぴかですね。

1 きよい　　　　　　2 きれい　　　　　　3 きたない　　　　　4 きもちわるい

5 　課長は部下には厳しいくせに、社長にはいつもぺこぺこしている。

1 腹が減って　　　　2 機嫌を取って　　　3 怒鳴られて　　　　4 叱られて

問題6　次の言葉の使い方として最もよいものを、1・2・3・4から一つ選びなさい。

1 　わびる

1 うちの母はうるさくてわびようがない。

2 このような物を下さってどうわびたらいいですか。

3 若い時にはわびることをたくさん起こすのが当然だ。

4 今回の汚職事件について深くおわびする次第でございます。

2 　異動

1 事務室が新しいビルに異動した。

2 走行中は席を異動しないでください。

3 今度、大幅な人事異動があるそうですね。

4 植木鉢を日当たりのいいところに異動しようか。

3 　せっかく

1 待ちに待った遠足がせっかく来た。

2 せっかくの連休をうちでごろごろした。

3 せっかくここまで来たから、もう戻ろう。

4 この道は大人1人がせっかく通れるほど狭い。

4 　はなはだしい

1 母の愛は測量できないぐらいはなはだしい。

2 あの芸能人に対するうわさと誤解ははなはだしい。

3 はなはだしく遅れては、もう間に合いっこないよ。

4 息子さんは勉強がはなはだしくできるとうかがったのですが。

5 　渋滞

1 給料のことで社長の顔は渋滞している。

2 高橋さんはいつも約束時間に渋滞するから嫌だ。

3 出発が遅かったばかりに渋滞に巻き込まれてしまった。

4 家賃が渋滞していて大家さんに文句を言われてしまった。

정답은 P.140

CHAPTER 8

1 명사

음독 명사

あくえいきょう 悪影響 악영향	あくしゅう 悪臭 악취	いくじ 育児 육아	いくせい 育成 육성
いふく 衣服 의복	いるい 衣類 의류	うもう 羽毛 깃털	うりょう 雨量 우량, 강우량
えんき 延期 연기	おしょく 汚職 오직, 독직	おせん 汚染 오염	かくだい 拡大 확대
かくちょう 拡張 확장	かへい 貨幣 화폐	かもつ 貨物 화물	かんき 乾季 건기
かんけい 関係 관계	かんさつ 観察 관찰	かんもん 関門 관문	きが 飢餓 기아
きかく 企画 기획	きじ 記事 기사	ぎもん 疑問 의문	きゅうか 休暇 휴가
きょういく 教育 교육	きょうよう 教養 교양	きょか 許可 허가	ぎわく 疑惑 의혹
ぐたいてき 具体的 구체적	けいえい 経営 경영	けいず 系図 족보	けいとう 系統 계통
けっか 結果 결과	こうぎょう 工業 공업	こうじょう 工場 공장	こうひょう 好評 호평
ごえい 護衛 호위	ごがく 語学 어학	ごご 午後 오후	さくもつ 作物 작물
さほう 作法 예절	さゆう 左右 좌우	しっぱい 失敗 실패	しつれん 失恋 실연
じどう 児童 아동	じまん 自慢 자랑	じゅんばん 順番 차례	じゅんび 準備 준비
しょうかい 紹介 소개	しょうぎょう 商業 상업	しょうたい 招待 초대	しょうにん 商人 상인
しょうひん 商品 상품	しょくどう 食堂 식당	しょくりょう 食糧 식량	じょゆう 女優 여배우
しんかい 深海 심해	しんや 深夜 심야	すいじゅん 水準 수준	すいちょく 垂直 수직
すいみん 睡眠 수면	せいけつ 清潔 청결	せいふく 制服 제복	そうげん 草原 초원
そうさ 捜査 수사	そうしょく 草食 초식	そうてん 争点 쟁점	そんちょう 尊重 존중
たいかく 体格 체격	たいほ 逮捕 체포	だんけつ 団結 단결	だんたい 団体 단체

ちい 地位 지위	ちか 地価 지가, 땅값	ちきゅう 地球 지구	ちゅうしょうてき 抽象的 추상적
ちゅうもく 注目 주목	ちりょう 治療 치료	ていこう 抵抗 저항	てっきょ 撤去 철거
ていきょう 提供 제공	てつや 徹夜 철야	でんとう 伝統 전통	とうよう 東洋 동양
とち 土地 토지	なんとう 南東 남동	なんぼく 南北 남북	にんき 任期 임기
にんむ 任務 임무	はっき 発揮 발휘	はっけん 発見 발견	はっぴょう 発表 발표
はつめい 発明 발명	はんだん 判断 판단	ひょうか 評価 평가	べんかい 弁解 변명
べんご 弁護 변호	ほうい 包囲 포위	ほうしょく 飽食 포식	ほうどう 報道 보도
みち 未知 미지	ゆだん 油断 방심	ようかい 溶解 용해	ようしょく 洋食 양식
ようせつ 溶接 용접			

훈독 명사

うけつけ 受付 접수	うらな 占い 점, 점쟁이	かぜ 風邪 감기	こづつみ 小包 소포
すき 隙 틈	すな 砂 모래	ともばたら 共働き 맞벌이	どろ 泥だらけ 진흙투성이
なかみ 中身 내용물	ふき 踏み切り 건널목	ほこ 誇り 자랑, 긍지, 자부심	むね 旨 취지, 뜻
めうえ 目上 윗사람	よあ 夜明け 새벽	よ なか 世の中 세상	わき 脇 겨드랑이

2 동사

あ 飽きる 질리다	いだ 抱く (마음에) 품다	うなずく 수긍하다
おこ 怒る 화내다	かか 抱える 안다, 맡다	かせ 稼ぐ 벌다
かつ 担ぐ 메다, 짊어지다	か 兼ねる 겸하다	き 効く 효력이 있다
くだ 砕く 부수다	こと 異なる 다르다	さわ 騒ぐ 떠들다
す 済む 끝나다	たた 叩く 때리다, 두드리다	つい 費やす 소비하다

つぶやく 중얼거리다	留^とめる 고정시키다	伴^{ともな}う 동반하다, 따르다
悩^{なや}む 고민하다	握^{にぎ}る (손으로) 쥐다, 잡다	濁^{にご}る 흐려지다, 탁해지다
抜^ぬく 뽑다	脱^ぬぐ 벗다	脱^ぬげる 벗겨지다
除^{のぞ}く 제거하다	はがす 벗기다	率^{ひき}いる 통솔하다
誇^{ほこ}る 자랑하다	ほどく 풀다	乱^{みだ}れる 흐트러지다
導^{みちび}く 인도하다	辞^やめる 그만두다	打^うち上^あげる 쏘아 올리다
落^おち着^つく 진정되다	思^{おも}い切^きる 단념하다	すれ違^{ちが}う 엇갈리다
詰^つめ切^きる 계속 붙박여 있다	仲良^{なかよ}くなる 사이가 좋아지다	踏^ふみ切^きる 결단을 내리다
見習^{みなら}う 보고 익히다	横切^{よこぎ}る 횡단하다, 가로지르다	

3 い형용사

青白^{あおじろ}い 푸르스름하다, 창백하다	卑^{いや}しい 천하다	嫌^{いや}らしい 추잡하다
重苦^{おもくる}しい 답답하다	くすぐったい 간지럽다	塩辛^{しおから}い 짜다
四角^{しかく}い 네모지다	素早^{すばや}い 민첩하다	ものすごい 대단하다

4 な형용사

あいまい 애매함, 모호함	気^きの毒^{どく} 딱함	質素^{しっそ} 검소함
華^{はな}やか 화려함	はるか (거리, 시간이) 아득함	卑怯^{ひきょう} 비겁함
密^{ひそ}か 은밀함	皮肉^{ひにく} 빈정거림, 얄궂음	微妙^{びみょう} 미묘함
敏感^{びんかん} 민감함	貧乏^{びんぼう} 가난함, 빈궁함	不器用^{ぶきよう} 손재주가 없음

無事 <ruby>ぶ<rt></rt></ruby><ruby>じ<rt></rt></ruby> 무사함	不幸せ ふしあわせ 불행함	不愉快 ふゆかい 불쾌한
幼稚 ようち 유치함	冷静 れいせい 냉정함	

5 부사 및 기타

お構いなく かま 개의치 마시고	少なくとも すく 적어도	すでに 이미
せめて 적어도, 하다못해	たまたま 가끔	近々 ちかぢか 머잖아
つねに 항상	とうとう 결국	なかなか 상당히
万一 まんいち 만약	それとも 그렇지 않으면	転々 てんてん 여기저기, 이리저리
にこにこ 생글생글	のろのろ 느릿느릿	はきはき (말이나 동작이) 시원시원
ひそひそ 소곤소곤	びっしょり (땀, 비에) 흠뻑	広々 ひろびろ 널찍이
～気味 ぎみ ~기운, 기색	～圏 けん ~권	試～ し 시~
～師 し ~사	諸～ しょ 제~, 여러~	～署 しょ ~서
～賃 ちん ~요금	共～ とも 같이~	～法 ほう ~법

6 가타카나어

エチケット 에티켓	スカーフ 스카프	トピック 토픽
トラブル 트러블	パーセント 퍼센트	プライバシー 프라이버시
マスコミ 매스컴	マニア 마니아	メーター 미터, 자동 계기
レポート 리포트		

問題1 ＿＿＿の言葉の読み方として最もよいものを、1・2・3・4から一つ選びなさい。

1. 女優に憧れて上京してきた。
   1 じょゆ　　　　2 じょゆう　　　　3 じゅうゆ　　　　4 じょうゆう

2. その問題は彼が実力を発揮するいい機会となった。
   1 はつぐん　　　2 はっぐん　　　　3 はつき　　　　　4 はっき

3. 小包の中身は何ですか。
   1 しょほう　　　2 しょうほう　　　3 こづつみ　　　　4 こつづみ

4. デザイン賞をもらったこのスマホが我が社の誇りだ。
   1 いかり　　　　2 おこり　　　　　3 ほこり　　　　　4 うかり

5. 犯人は隙をねらって逃げたそうだ。
   1 かべ　　　　　2 あな　　　　　　3 へい　　　　　　4 すき

問題2 ＿＿＿の言葉を漢字で書くとき、最もよいものを1・2・3・4から一つ選びなさい。

1. 雨で野球中継はえんきとなった。
   1 延期　　　　　2 廷基　　　　　　3 延期　　　　　　4 延基

2. 毎日、朝顔の成長をかんさつして記録をつける。
   1 観祭　　　　　2 観察　　　　　　3 勧祭　　　　　　4 勧察

3. 息子さんはまだ、だんたい生活には慣れないみたいです。
   1 団休　　　　　2 団体　　　　　　3 因休　　　　　　4 因体

4. 若いからこそ希望をいだくことができるのです。
   1 包く　　　　　2 泡く　　　　　　3 抱く　　　　　　4 飽く

5　もし参加できなかったら、そのむねを教えてください。

1 旨　　　　　　　　2 指　　　　　　　　3 脂　　　　　　　　4 胸

問題3　(　　　　)に入れるのに最もよいものを、1・2・3・4から一つ選びなさい。

1　課題で(　　　　)外国の環境問題を調べている。

1 多　　　　　　　　2 総　　　　　　　　3 数　　　　　　　　4 諸

2　最近、父は調理(　　　　)の免許をとるため勉強している。

1 者　　　　　　　　2 補　　　　　　　　3 師　　　　　　　　4 係

3　昨日は風邪(　　　　)で日本語クラスを休んでしまった。

1 ぎみ　　　　　　　2 よう　　　　　　　3 がち　　　　　　　4 ぶり

4　抗ガンの治療(　　　　)には副作用が伴う。

1 費　　　　　　　　2 法　　　　　　　　3 方　　　　　　　　4 所

5　最近、(　　　　)働き家庭が多いということだ。

1 同　　　　　　　　2 共　　　　　　　　3 伴　　　　　　　　4 皆

問題4　(　　　　)に入れるのに最もよいものを、1・2・3・4から一つ選びなさい。

1　締め切りが明日なので、今日は(　　　　)するほかない。

1 夜中　　　　　　　2 夜間　　　　　　　3 深夜　　　　　　　4 徹夜

2　水虫で足の裏が(　　　　)ならない。

1 てれくさくて　　　2 うたがわしくて　　　3 うすぐらくて　　　4 くすぐったくて

3　優勝はできなくても(　　　　)入賞ぐらいはしたい。

1 やっと　　　　　　2 せめて　　　　　　　3 必ずしも　　　　　　4 それぞれ

4　昨年亡くなった内田先生は礼儀（　　　　）を重んじる方だった。

1　作法　　　　　　　2　道理　　　　　　　3　義理　　　　　　　4　人情

5　外食は和食にしようか、（　　　　）洋食にしようか。どっちにする。

1　それも　　　　　　2　それにも　　　　　3　それでも　　　　　4　それとも

6　雨の中、グラウンドを走って靴が泥（　　　　）になってしまった。

1　だけ　　　　　　　2　っぽい　　　　　　3　だらけ　　　　　　4　ばかり

7　食事の（　　　　）を知らなくて、相手を困らせたことがある。

1　コース　　　　　　2　ポイント　　　　　3　アイデア　　　　　4　エチケット

問題5　　　　　　の言葉に意味が最も近いものを、1・2・3・4から一つ選びなさい。

1　芸能界のトピックはいつも興味津々だ。

1　話題　　　　　　　2　談話　　　　　　　3　題名　　　　　　　4　主題

2　息子は大学生なのに考え方がまだ幼稚だ。

1　未知　　　　　　　2　末期　　　　　　　3　未満　　　　　　　4　未熟

3　会長は貧乏な家で生まれたということだ。

1　かなしい　　　　　2　まずしい　　　　　3　こいしい　　　　　4　おとなしい

4　飛行機事故で息子を失うなんてお気の毒だ。

1　あいまいだ　　　　2　おつかれだ　　　　3　さいわいだ　　　　4　かわいそうだ

5　健康にはつねに気をつけるようにしている。

1　普及　　　　　　　2　普段　　　　　　　3　普通　　　　　　　4　普遍

1　すでに

1　雨がすでに降り出すということだ。

2　すでに電車がまいります。ご注意ください。

3　お降りの際はすでに席を移動しないでください。

4　この事件についてはすでにご存知だと思いますが。

2　あいまい

1　父のあいまいな姿を作文に書く。

2　サッカーはあいまいに終わってしまった。

3　あいまいな返事をしたら、誤解されかねない。

4　あいまいなチャンスを逃がしてしまい、すごく残念だ。

3　おかまいなく

1　どうぞ、おかまいなく話してください。

2　雨が3日間おかまいなく降り続いている。

3　おかまいなく失礼してしまい、すみません。

4　両親を事故で失うなんておかまいなく思います。

4　冷静

1　人の名前を聞いたとたんに忘れるなんて冷静だ。

2　論文を指導してくれた先生にお礼も言わないなんて冷静なやつだ。

3　複雑な要因が絡んでいるこの事件には冷静さを保つことが必要だ。

4　腹を抱えるほど面白い話を聞いても笑わないとはあなたは本当に冷静だ。

5　油断

1　工事中、油断してしまって怪我をした。

2　いくら弱い相手でも油断はあるものだ。

3　ストーブが油断してしまい、部屋が寒い。

4　期末試験でいい成績を取るため、油断するつもりだ。

1 명사

음독 명사

<ruby>愛着<rt>あいちゃく</rt></ruby> 애착	<ruby>圧迫<rt>あっぱく</rt></ruby> 압박	<ruby>暗証番号<rt>あんしょうばんごう</rt></ruby> 비밀번호	<ruby>胃<rt>い</rt></ruby> 위
<ruby>委託<rt>いたく</rt></ruby> 위탁	<ruby>委任<rt>いにん</rt></ruby> 위임	<ruby>印刷<rt>いんさつ</rt></ruby> 인쇄	<ruby>営業<rt>えいぎょう</rt></ruby> 영업
<ruby>往来<rt>おうらい</rt></ruby> 왕래	<ruby>解約<rt>かいやく</rt></ruby> 해약	<ruby>街路樹<rt>がいろじゅ</rt></ruby> 가로수	<ruby>規則<rt>きそく</rt></ruby> 규칙
<ruby>共感<rt>きょうかん</rt></ruby> 공감	<ruby>金魚<rt>きんぎょ</rt></ruby> 금붕어	<ruby>苦痛<rt>くつう</rt></ruby> 고통	<ruby>苦労<rt>くろう</rt></ruby> 수고
<ruby>訓練<rt>くんれん</rt></ruby> 훈련	<ruby>交差点<rt>こうさてん</rt></ruby> 교차로	<ruby>向上<rt>こうじょう</rt></ruby> 향상	<ruby>校長<rt>こうちょう</rt></ruby> 교장
<ruby>校庭<rt>こうてい</rt></ruby> 교정	<ruby>交番<rt>こうばん</rt></ruby> 파출소	<ruby>故障<rt>こしょう</rt></ruby> 고장	<ruby>国境<rt>こっきょう</rt></ruby> 국경
<ruby>再建<rt>さいけん</rt></ruby> 재건	<ruby>再現<rt>さいげん</rt></ruby> 재현	<ruby>最高<rt>さいこう</rt></ruby> 최고	<ruby>再生<rt>さいせい</rt></ruby> 재생
<ruby>最善<rt>さいぜん</rt></ruby> 최선	<ruby>錯誤<rt>さくご</rt></ruby> 착오	<ruby>錯覚<rt>さっかく</rt></ruby> 착각	<ruby>四捨五入<rt>ししゃごにゅう</rt></ruby> 반올림
<ruby>市場<rt>しじょう</rt></ruby> 시장	<ruby>事情<rt>じじょう</rt></ruby> 사정	<ruby>市庁<rt>しちょう</rt></ruby> 시청	<ruby>指導<rt>しどう</rt></ruby> 지도
<ruby>就職<rt>しゅうしょく</rt></ruby> 취직	<ruby>授業<rt>じゅぎょう</rt></ruby> 수업	<ruby>授与<rt>じゅよ</rt></ruby> 수여	<ruby>商談<rt>しょうだん</rt></ruby> 상담
<ruby>書籍<rt>しょせき</rt></ruby> 서적	<ruby>書物<rt>しょもつ</rt></ruby> 도서	<ruby>処理<rt>しょり</rt></ruby> 처리	<ruby>心境<rt>しんきょう</rt></ruby> 심경
<ruby>制度<rt>せいど</rt></ruby> 제도	<ruby>退院<rt>たいいん</rt></ruby> 퇴원	<ruby>退職<rt>たいしょく</rt></ruby> 퇴직	<ruby>太陽<rt>たいよう</rt></ruby> 태양
<ruby>抽選<rt>ちゅうせん</rt></ruby> 추첨	<ruby>調子<rt>ちょうし</rt></ruby> (신체, 기계) 상태	<ruby>調理<rt>ちょうり</rt></ruby> 조리	<ruby>著作<rt>ちょさく</rt></ruby> 저작
<ruby>鎮圧<rt>ちんあつ</rt></ruby> 진압	<ruby>訂正<rt>ていせい</rt></ruby> 정정	<ruby>点火<rt>てんか</rt></ruby> 점화	<ruby>典型<rt>てんけい</rt></ruby> 전형
<ruby>展示<rt>てんじ</rt></ruby> 전시	<ruby>電卓<rt>でんたく</rt></ruby> 전자계산기	<ruby>天然<rt>てんねん</rt></ruby> 천연	<ruby>逃亡<rt>とうぼう</rt></ruby> 도망
<ruby>登録<rt>とうろく</rt></ruby> 등록	<ruby>討論<rt>とうろん</rt></ruby> 토론	<ruby>通院<rt>つういん</rt></ruby> 통원	<ruby>通学<rt>つうがく</rt></ruby> 통학
<ruby>通勤<rt>つうきん</rt></ruby> 통근	<ruby>通行<rt>つうこう</rt></ruby> 통행	<ruby>日中<rt>にっちゅう</rt></ruby> 주간, 낮	<ruby>妊娠<rt>にんしん</rt></ruby> 임신
<ruby>妊婦<rt>にんぷ</rt></ruby> 임산부	<ruby>粘土<rt>ねんど</rt></ruby> 점토	<ruby>廃止<rt>はいし</rt></ruby> 폐지	<ruby>排出<rt>はいしゅつ</rt></ruby> 배출

<ruby>俳優<rt>はいゆう</rt></ruby> 배우	<ruby>爆竹<rt>ばくちく</rt></ruby> 폭죽	<ruby>発達<rt>はったつ</rt></ruby> 발달	<ruby>破片<rt>は へん</rt></ruby> 파편
<ruby>場面<rt>ば めん</rt></ruby> 장면	<ruby>反省<rt>はんせい</rt></ruby> 반성	<ruby>飛行<rt>ひ こう</rt></ruby> 비행	<ruby>被告<rt>ひ こく</rt></ruby> 피고
<ruby>秘書<rt>ひ しょ</rt></ruby> 비서	<ruby>避暑<rt>ひ しょ</rt></ruby> 피서	<ruby>避難<rt>ひ なん</rt></ruby> 피난	<ruby>否認<rt>ひ にん</rt></ruby> 부인
<ruby>批判<rt>ひ はん</rt></ruby> 비평	<ruby>評判<rt>ひょうばん</rt></ruby> 평판	<ruby>普及<rt>ふ きゅう</rt></ruby> 보급	<ruby>補充<rt>ほ じゅう</rt></ruby> 보충
<ruby>保存<rt>ほ ぞん</rt></ruby> 보존, (파일) 저장	<ruby>満潮<rt>まんちょう</rt></ruby> 만조	<ruby>未満<rt>み まん</rt></ruby> 미만	<ruby>免除<rt>めんじょ</rt></ruby> 면제
<ruby>薬局<rt>やっきょく</rt></ruby> 약국	<ruby>利益<rt>り えき</rt></ruby> 이익	<ruby>履歴<rt>り れき</rt></ruby> 이력	

훈독 명사

<ruby>明<rt>あ</rt></ruby>かり 빛	<ruby>命<rt>いのち</rt></ruby> 생명	<ruby>浮<rt>う</rt></ruby>き<ruby>彫<rt>ぼ</rt></ruby>り 뚜렷이 드러남	<ruby>腕<rt>うで</rt></ruby> 팔, 역량, 솜씨
<ruby>尾<rt>お</rt></ruby> 꼬리	<ruby>肩<rt>かた</rt></ruby> 어깨	<ruby>雲<rt>くも</rt></ruby> 구름	<ruby>氷<rt>こおり</rt></ruby> 얼음
<ruby>皿<rt>さら</rt></ruby> 접시	<ruby>島<rt>しま</rt></ruby> 섬	<ruby>背中<rt>せ なか</rt></ruby> 등	<ruby>隣<rt>となり</rt></ruby> 이웃, 옆
<ruby>羽<rt>はね</rt></ruby> 새털	<ruby>判子<rt>はん こ</rt></ruby> 도장	<ruby>骨<rt>ほね</rt></ruby> 뼈	<ruby>前<rt>まえ</rt></ruby><ruby>向<rt>む</rt></ruby>き 적극적인 태도
<ruby>祭<rt>まつ</rt></ruby>り 제사, 축제	<ruby>向<rt>むか</rt></ruby>い 마주봄	<ruby>向<rt>む</rt></ruby>き 적당함	<ruby>村<rt>むら</rt></ruby> 마을
<ruby>物語<rt>ものがたり</rt></ruby> 이야기	<ruby>最寄<rt>も より</rt></ruby> 가장 가까움, 근처	<ruby>役目<rt>やくめ</rt></ruby> 임무, 책임	

2 동사

<ruby>味<rt>あじ</rt></ruby>わう 맛보다	<ruby>痛<rt>いた</rt></ruby>む 아프다	<ruby>浮<rt>う</rt></ruby>く 뜨다
<ruby>薄<rt>うす</rt></ruby>める 묽게 하다	<ruby>訴<rt>うった</rt></ruby>える 고소하다, 호소하다	おぼれる 물에 빠지다
<ruby>傾<rt>かたむ</rt></ruby>ける 기울이다	<ruby>感<rt>かん</rt></ruby>じる 느끼다	<ruby>決<rt>き</rt></ruby>まる 정해지다
くっつく 들러붙다	こしらえる 제조하다	<ruby>好<rt>す</rt></ruby>かれる 사랑받다
<ruby>備<rt>そな</rt></ruby>える 갖추다	<ruby>捕<rt>つか</rt></ruby>まる 붙잡히다	<ruby>告<rt>つ</rt></ruby>げる 고하다
<ruby>届<rt>とど</rt></ruby>ける 보내다	<ruby>止<rt>と</rt></ruby>まる 멈추다	<ruby>治<rt>なお</rt></ruby>る 치료되다

亡くなる 죽다, 돌아가다	述べる 말하다	運ぶ 나르다
はさむ 끼우다	外れる 빠지다, 빗나가다	果たす 완수하다, 달성하다
防ぐ 막다	触れる 닿다	へこむ 움푹 들어가다
むかつく 화나다	恵まれる 혜택받다, 풍족하다	面する 면하다, 마주하다
戻す 되돌리다	催す 개최하다, 베풀다	養う 기르다
雇う 고용하다	よこす 이쪽으로 보내 오다	着替える 갈아입다
繰り上げる (날짜 등을) 앞당기다	出迎える 마중하다	長引く 오래 걸리다
見送る 떠나가는 것을 바라보다	よみがえる 소생하다	

3 い형용사

あくどい 악착스럽다	危うい 위험하다	荒い 거칠다
息苦しい 숨막히다	潔い (미련없이) 깨끗하다	うらやましい 부럽다
快い 상쾌하다, 기분 좋다	力強い 마음 든든하다	細長い 가늘고 길다
待ち遠しい 몹시 기다려지다	むなしい 공허하다	目覚ましい 눈부시다
面倒くさい 몹시 귀찮다	ものたりない 부족하다	もろい 깨지기 쉽다
安っぽい 싸구려로 보이다	悪賢い 교활하다	

4 な형용사

慎重 신중함	ぜいたく 사치함	単純 단순함
適度 적당함	でたらめ 엉터리임	独特 독특함

不要ふよう 불필요함	不利ふり 불리힘	有利ゆうり 유리함
不良ふりょう 불량함	平気へいき 태연함	平凡へいぼん 평범함
豊富ほうふ 풍부함	朗らかほが 명랑함	本気ほんき 본심임, 진지함

5 부사 및 기타

いずれ 어차피	いよいよ 드디어	かえって 오히려
ごく 극히	少々しょうしょう 약간	ふと 문득
第一にだいいち 우선	ますます 더욱더	みずから 스스로
もともと 원래	やや 약간	順々にじゅんじゅん 차례차례
着々ちゃくちゃく 착착, 척척	ぶかぶか 헐렁헐렁하다	ぶつぶつ 중얼중얼
ふわふわ 마음이 들뜬 모양	わくわく 두근두근	～観かん ~관
新しん 신~	～点てん ~점	～匹ひき ~마리
真～ま 완전히, 정확히	～むき 적합함	気になるき 걱정이 되다

6 가타카나어

アピール 어필	アクセント 악센트	アンテナ 안테나
ショック 쇼크, 충격	スムーズ 순조로움	テンポ 템포
パイロット 파일럿	パンク 펑크, 터짐	リーダー 리더
リラックス 릴랙스, 편안함		

問題1　＿＿＿＿の言葉の読み方として最もよいものを、1・2・3・4から一つ選びなさい。

1 彼の小説は多くの人の<u>共感</u>を呼んだ。

　　1 こうかん　　　　2 こうがん　　　　3 きょかん　　　　4 きょうかん

2 新発売のパソコンは計算<u>処</u>理能力が優れている。

　　1 しょり　　　　　2 しょうり　　　　3 そり　　　　　　4 そうり

3 下半期、新入社員を<u>雇う</u>企業は少ない。

　　1 さそう　　　　　2 ねがう　　　　　3 やとう　　　　　4 かなう

4 それをあそこに置くと<u>通行</u>の邪魔になります。

　　1 つこう　　　　　2 つうこう　　　　3 とこう　　　　　4 とうこう

5 ウイスキーに<u>氷</u>を入れて飲む。

　　1 こり　　　　　　2 ごり　　　　　　3 こおり　　　　　4 ごおり

問題2　＿＿＿＿の言葉を漢字で書くとき、最もよいものを1・2・3・4から一つ選びなさい。

1 ここからは南と北の<u>こっきょう</u>になります。

　　1 国竟　　　　　　2 国境　　　　　　3 団竟　　　　　　4 団境

2 新しい<u>しゅうしょく</u>先が決まり次第、住所を教えてください。

　　1 就職　　　　　　2 就識　　　　　　3 熟職　　　　　　4 熟識

3 この数学問題は大学生には<u>たんじゅん</u>すぎます。

　　1 単旬　　　　　　2 単準　　　　　　3 単純　　　　　　4 単順

4 鈴木^{すずき}教授のもとで卒業論文の<u>しどう</u>を受けた。

　　1 指道　　　　　　2 指導　　　　　　3 志道　　　　　　4 志導

5 自動販売機のジュースは全部120円<u>みまん</u>です。

1 未満　　　　　　2 未漫　　　　　　3 末満　　　　　　4 末漫

問題3 （　　　）に入れるのに最もよいものを、1・2・3・4から一つ選びなさい。

1 子犬を1（　　　）友人がくれて飼うことにした。

1 頭　　　　　　2 羽　　　　　　3 匹　　　　　　4 個

2 （　　　）制度はやっと軌道に乗った。

1 新　　　　　　2 全　　　　　　3 完　　　　　　4 商

3 （　　　）夜中に電話の音で目が覚めた。

1 真　　　　　　2 主　　　　　　3 全　　　　　　4 正

4 交差（　　　）を渡ったら右に大きな看板が見えます。

1 路　　　　　　2 点　　　　　　3 道　　　　　　4 号

5 低予算で変えられる夏（　　　）リビングインテリアの実例がこちらです。

1 おき　　　　　　2 むき　　　　　　3 ぬけ　　　　　　4 かけ

問題4 （　　　）に入れるのに最もよいものを、1・2・3・4から一つ選びなさい。

1 彼はその当時の（　　　）を語ってくれた。

1 感心　　　　　　2 感覚　　　　　　3 心境　　　　　　4 心肝

2 タクシーの運転の（　　　）にびっくりする観光客は多い。

1 ゆるさ　　　　　　2 きつさ　　　　　　3 ぬるさ　　　　　　4 あらさ

3 目を（　　　）のようにして探している。

1 皿　　　　　　2 血　　　　　　3 器　　　　　　4 　　卵

4 あのレストランは24時間（　　　　）しているので、便利だ。

1 課業　　　　　　　2 営業　　　　　　　3 商業　　　　　　　4 家業

5 ビジネスチャンスを逃さないように（　　　　）を高く張る。

1 メール　　　　　　2 オフィス　　　　　3 アンテナ　　　　　4 ファックス

6 そんな（　　　　）な生活をいつまでするつもりなの。

1 あざやか　　　　　2 なごやか　　　　　3 なだらか　　　　　4 でたらめ

7 最近（　　　　）太ってきたので、運動をすることにした。

1 いよいよ　　　　　2 ちゃくちゃく　　　3 ますます　　　　　4 ぶかぶか

問題5　＿＿＿＿の言葉に意味が最も近いものを、1・2・3・4から一つ選びなさい。

1 彼は江戸っ子だというのに関西風のアクセントで話す。

1 語調　　　　　　　2 口癖　　　　　　　3 強弱　　　　　　　4 口述

2 長年、工事をしていたが、いよいよ明日完成です。

1 とうとう　　　　　2 そろそろ　　　　　3 まあまあ　　　　　4 ちゃくちゃく

3 彼女は明るい性格なのでみんなに好かれている。

1 のんきな　　　　　2 にわかな　　　　　3 おだやかな　　　　4 ほがらかな

4 決勝戦で惜しくも敗れ、国民はやや失望したようだ。

1 すごく　　　　　　2 すこし　　　　　　3 もっと　　　　　　4 たった

5 あんなにスピードを出すとあぶないです。

1 あやうい　　　　　2 あやしい　　　　　3 おかしい　　　　　4 もったいない

問題6　次の言葉の使い方として最もよいものを、1・2・3・4から一つ選びなさい。

1 補充
1 山本さんが転勤したので欠員を補充した。
2 ウエートレスにビールを二本補充注文をする。
3 ラストオーダーなので早めに補充をお願いします。
4 彼のヒットでうちのチームはこの回で2点補充した。

2 かえって
1 あれは議論というよりはかえってけんかだ。
2 学生を叱ったらかえって非行に走りかねない。
3 あの議員は政治家というよりかえってタレントだ。
4 あそこまではバスよりかえって車のほうが早いだろう。

3 向き
1 ご覧のカーテンはすべて夏向きの色です。
2 これは観光客向きのガイドブックです。
3 アメリカ向きの輸出車はみんな左に運転席がある。
4 この会社は子供向きのテレビ番組を作るということだ

4 テンポ
1 テレビの音量のテンポを調節する。
2 この歌はテンポが遅いから歌いやすい。
3 悲しいテンポの交響曲は何がありますか。
4 今回の大統領のスピーチのテンポを伺ってもいいですか。

5 商談
1 担任先生と進学について商談した。
2 商談に乗るから、いつでも来てください。
3 家内と商談して田舎に引っ越すことにした。
4 今度、取引先との話し合いがまとまって商談が成立した。

정답은 P.140

CHAPTER 10

1 명사

음독 명사

あい そ 愛想 상냥함(あいそう로도 읽음)	あん けん 案件 안건	あん ぴ 安否 안부
い ぎ 意義 의의	い さん 遺産 유산	い しょ 遺書 유서	い ちょう 胃腸 위장
い ろう 慰労 위로	えん かく 沿革 연혁	えん そく 遠足 소풍	かい かん 会館 회관
かい かん 快感 쾌감	かい かん 開館 개관	かい こう 開講 개강	かい だん 階段 계단
かい まく 開幕 개막	かく しん 革新 혁신	かく しん 確信 확신	かく ほ 確保 확보
かく りつ 確率 확률	か じ 火事 화재	か のうせい 可能性 가능성	ぎ いん 議員 의원
きゅうかん 休館 휴관	きゅうこう 休講 휴강	きゅうじつ 休日 휴일	げんざい 現在 현재
けんちょう 県庁 현청	こうはい 後輩 후배	こっかい 国会 국회	さい ご 最後 마지막
さい ご 最期 임종	さ とう 砂糖 설탕	じ しん 地震 지진	じっ し 実施 실시
しゅくじつ 祝日 축일, 경축일	しゅのう 首脳 수뇌	じんせい 人生 인생	じんめい 人命 인명
すいえい 水泳 수영	すうがく 数学 수학	すう じ 数字 숫자	せきにん 責任 책임
せんぱい 先輩 선배	たいしゃ 退社 퇴사	たいしゅつ 退出 퇴출	たいじょう 退場 퇴장
たいせい 態勢 태세	たい ど 態度 태도	ちゅうしゃじょう 駐車場 주차장	ちゅうだん 中断 중단
ちゅうもく 注目 주목	ちょう き 長期 장기	ちょうしょ 長所 장점	ちょうじょ 長女 장녀
ちょきん 貯金 저금	ちょすい 貯水 저수	ちょちく 貯蓄 저축	どうにゅう 導入 도입
とうぶん 当分 당분간, 잠시 동안	にんたい 忍耐 인내	ねつえん 熱演 열연	ねっ き 熱気 열기
ねっちゅう 熱中 열중	はい ふ 配布 배포	はっちゅう 発注 발주	は れつ 破裂 파열
はんとう 半島 반도	ひ れい 比例 비례	ふうけい 風景 풍경	ぶんかい 分解 분해

へんきゃく 返却 반납	ほうりつ 法律 법률	ほしょう 保証 보증	ほそく 補足 보충
みっせつ 密接 밀접	みっぺい 密閉 밀폐	みりょく 魅力 매력	むじゅん 矛盾 모순
めいさく 名作 명작	めいし 名刺 명함	めいしょ 名所 명소	めいしょう 名称 명칭
めいせい 名声 명성	やさい 野菜 야채	ゆいごん 遺言 유언	ゆうしょく 夕食 저녁 식사
りょうこく 両国 양국	れいとう 冷凍 냉동	れきし 歴史 역사	

훈독 명사

いけ 池 연못	いずみ 泉 샘	いた 板 판자	いわ 岩 바위
かいさつぐち 改札口 개찰구	がけ 崖 벼랑	かねもち 金持ち 부자	かべ 壁 벽
かんづめ 缶詰 통조림	きし 岸 강변	けむり 煙 연기	さかみち 坂道 비탈길
さけ 酒 술	しお 潮 조수, 바닷물	しも 霜 서리, 성에	なみだ 涙 눈물
はたけちがい 畑違い 전문 분야가 다름	ひととき 一時 잠시		

2 동사

あま 余す 남기다	あま 余る 남다	いじめる 괴롭히다
いば 威張る 으스대다	いわ 祝う 축하하다	おさ 抑える 억제하다
か 欠かす 빠뜨리다, 거르다	かなえる 성취시키다	かよ 通う 다니다
かわいがる 귀여워하다	くたびれる 피로하다	この 好む 좋아하다
こま 困る 곤란하다	さ 咲く (꽃이) 피다	しか 叱る 꾸짖다
せ 攻める 공격하다	せ 責める 꾸짖다	たか 高める 높이다
つかむ 움켜쥐다, 파악하다	つなげる 연결하다	なが 流れる 흘러가다, 중지되다
のこ 残る 남다	はず 外す 풀다, 벗다	はぶ 省く 생략하다

含める 포함하다, 포함시키다	ふさぐ 틀어막다, 가리다	曲げる 구부리다
混ざる 섞이다	焼ける 타다	破れる 찢어지다
止む 멎다	ゆでる 데치다, 삶다	汚す 더럽히다
汚れる 더러워지다	釣り合う 균형이 잡히다, 어울리다	引き止める 말리다

3 い형용사

注意深い 주의 깊다	尊い 존귀하다	乏しい 모자라다
とんでもない 당치도 않다	情けない 한심하다	生臭い 냄새가 역하다
憎らしい 얄밉다	眠たい 졸립다	幅広い 폭넓다
平たい 평평하다	ふさわしい 어울리다	柔らかい 부드럽다

4 な형용사

明らか 분명함	主 주요함	手頃 적당함
複雑 복잡함	変 이상함	惨め 비참함
身近 자기와 관계가 깊음	妙 묘함	無口 과묵함
無邪気 천진난만함	無駄 쓸데없음	無茶 무리함, 터무니없음
もっとも 지당함	優秀 우수함	緩やか 완만함
利口 영리함	わがまま 제멋대로 굶	

5 부사 및 기타

あるいは 혹은, 또는	<ruby>一<rt>いっ</rt></ruby><ruby>層<rt>そう</rt></ruby> 한층 더, 더욱더	いわば 말하자면
うんと 매우	およそ 대강	<ruby>現<rt>げん</rt></ruby>に 실제로
さすが 과연	ざっと 대강	じつは 실은
ずっと 훨씬	<ruby>直<rt>ただ</rt></ruby>ちに 즉시, 당장	たちまち 금세, 순식간에
たった 다만	ひとりでに 저절로	ほぼ 거의
もっと 더	やっと 겨우	ようやく 겨우, 가까스로
しいんと 아주 조용한 모양	すっと 훌쩍, 홱	そっと 살짝
<ruby>腹<rt>はら</rt></ruby>を<ruby>立<rt>た</rt></ruby>てる 화를 내다	ひどい<ruby>目<rt>め</rt></ruby>に<ruby>遭<rt>あ</rt></ruby>う 참혹한 꼴을 당하다	
やむを<ruby>得<rt>え</rt></ruby>ない 어쩔 수 없다	～<ruby>軒<rt>けん</rt></ruby> ~채, ~동	<ruby>好<rt>こう</rt></ruby>～ 호~
<ruby>仮<rt>かり</rt></ruby>～ 가~, 임시~	<ruby>準<rt>じゅん</rt></ruby>～ 준~	<ruby>超<rt>ちょう</rt></ruby>～ 초~
～<ruby>団<rt>だん</rt></ruby> ~단	～<ruby>部<rt>ぶ</rt></ruby> ~부	～<ruby>離<rt>ばな</rt></ruby>れ ~에서 동떨어진 상태
<ruby>初<rt>はつ</rt></ruby>～ 첫~, 처음~	～<ruby>風<rt>ふう</rt></ruby> ~풍, ~식	<ruby>丸<rt>まる</rt></ruby>～ 전체, 통째임

6 가타카나어

アレンジ 배열, 배치, 편곡	キャンパス 캠퍼스	キャンプ 캠프
トンネル 터널	バランス 밸런스, 균형	プール 풀, 수영장
マーケット 마켓, 시장	メモ 메모	

問題1 ＿＿＿＿の言葉の読み方として最もよいものを、1・2・3・4から一つ選びなさい。

1 鈴木教授は韓国の歴史に詳しい学者として有名である。
　（すずき）

　　1 えきし　　　　　2 えきしゃ　　　　　3 れきし　　　　　4 れきしゃ

2 ツナの缶詰をコンビニで1つ買ってきてくれる。

　　1 かんすめ　　　　2 がんすめ　　　　　3 かんづめ　　　　4 がんづめ

3 インスタントや冷凍食品ばかり食べたら病気になりかねない。

　　1 れんとう　　　　2 れんどう　　　　　3 れいとう　　　　4 れいどう

4 余ったお金は使わないで貯金してください。

　　1 あまった　　　　2 のこった　　　　　3 もどった　　　　4 かわった

5 火と煙の中を無我夢中で逃げた。
　　　　　（むが　むちゅう）

　　1 ひかり　　　　　2 かすみ　　　　　　3 けむり　　　　　4 ゆうひ

問題2 ＿＿＿＿の言葉を漢字で書くとき、最もよいものを1・2・3・4から一つ選びなさい。

1 今月20日韓日しゅのう会談が東京で開かれる予定です。
　　　　　　　　　　　　　　　（とうきょう）

　　1 首悩　　　　　　2 首脳　　　　　　　3 頭悩　　　　　　4 頭脳

2 ほうりつが新しく改正されることになった。

　　1 却律　　　　　　2 却津　　　　　　　3 法律　　　　　　4 法津

3 かいさつぐちを通ったらベルが鳴ってびっくりした。

　　1 開札口　　　　　2 開礼口　　　　　　3 改札口　　　　　4 改礼口

4 このさかみちをリヤカーで登るのは無理だ。

　　1 反道　　　　　　2 板道　　　　　　　3 坂道　　　　　　4 版道

5 森の中にはきれいな<u>いずみ</u>があった。

1 泉　　　　　　　2 湖　　　　　　　3 池　　　　　　　4 潮

問題3 （　　　）に入れるのに最もよいものを、1・2・3・4から一つ選びなさい。

1 改革には党の首脳（　　　）の意志が重要だ。

1 所　　　　　　　2 部　　　　　　　3 官　　　　　　　4 庁

2 小学生に（　　　）暗記させるのは問題だ。

1 全　　　　　　　2 丸　　　　　　　3 完　　　　　　　4 明

3 映画のスートリがあまりにも現実（　　　）していたので、がっかりした。

1 離れ　　　　　　2 破れ　　　　　　3 戻れ　　　　　　4 隠れ

4 ワールドカップで（　　　）優勝なら立派な成績だ。

1 順　　　　　　　2 準　　　　　　　3 洵　　　　　　　4 巡

5 今度の新人は4日のオープン戦から（　　　）出場だそうだ。

1 発　　　　　　　2 始　　　　　　　3 初　　　　　　　4 新

問題4 （　　　）に入れるのに最もよいものを、1・2・3・4から一つ選びなさい。

1 新型インフルエンザの対策についての資料が（　　　）された。

1 分布　　　　　　2 配布　　　　　　3 配達　　　　　　4 宅配

2 約20人が乗っていたバスが（　　　）から落ちる事件が起こりました。

1 崖　　　　　　　2 丘　　　　　　　3 坂　　　　　　　4 砂

3 この大学の第二（　　　）は<ruby>大阪<rt>おおさか</rt></ruby>にあります。

1 オープン　　　　2 トンネル　　　　3 キャンプ　　　　4 キャンパス

4 内田教授はノーベル賞を受賞したが、少しも（　　　）ところがない。

うち だ

1 こまった　　　　　2 いばった　　　　　3 あきれた　　　　　4 ためらった

5 退院したばかりなのに、出勤するとは（　　　）話だ。

1 だらしない　　　　2 さわがしい　　　　3 あわただしい　　　4 とんでもない

6 この患者を（　　　）手術しなければ手遅れになりかねない。

1 いずれ　　　　　　2 どうせ　　　　　　3 ただちに　　　　　4 まもなく

7 うちの町は山奥だから薬屋が（　　　）もない。

1 一軒　　　　　　　2 一家　　　　　　　3 一通　　　　　　　4 一隻

問題5　　＿＿＿＿の言葉に意味が最も近いものを、1・2・3・4から一つ選びなさい。

1 両国の貿易のバランスが崩れたため、米財務大臣が来日した。

1 均等　　　　　　　2 均衡　　　　　　　3 調節　　　　　　　4 調合

2 きのうは引っ越しの手伝いでくたびれた。

1 こいだ　　　　　　2 まよった　　　　　3 すぐれた　　　　　4 つかれた

3 この問題の深刻さはアンケートを取ればあきらかになるだろう。

1 明確　　　　　　　2 単純　　　　　　　3 不調　　　　　　　4 自然

4 兵士たちはようやく目的地にたどりつくことができた。

1 やっと　　　　　　2 せめて　　　　　　3 せっかく　　　　　4 だいたい

5 やむを得ない急用で欠席せざるを得なかった。

1 いけない　　　　　2 かんけいない　　　3 しかたがない　　　4 もうしわけない

96

問題6　次の言葉の使い方として最もよいものを、1・2・3・4から一つ選びなさい。

1　最期

1　きのう最期まで残った人は誰ですか。

2　じゃ、最期にごま油をかけてください。

3　この仕事の最期にメールを送ってください。

4　急いで行ったが、父の最期に間に合わなかった。

2　手頃

1　手作りの物は手頃がいい。

2　この家は五人家族には手頃だ。

3　いつも服を手頃に着てください。

4　この仕事に手頃な人物を探している。

3　流れる

1　台所の流れ台が詰まった。

2　伝染病が流行り、会議は流れた。

3　氷の上をスケートで流れて気持ちよかった。

4　この音楽を聴くと今まで悪かった気持ちがすっきり流れる。

4　たちまち

1　彼はその場で長編小説をたちまち書き上げた。

2　アイドルはサインをたちまちしてくれた。

3　待ちに待った給料日がたちまちきたそうだ。

4　人気歌手のコンサートのチケットがたちまち売り切れた。

5　ひとりでに

1　毎日太陽はひとりでに東から昇る。

2　放っておいた傷がひとりでに治った。

3　あなたも大人だからひとりでにしなさい。

4　ひとりでに暮らし始めたが、大変な事ばかりだ。

정답은 P.140

問題1 ＿＿＿＿の言葉の読み方として最もよいものを、1・2・3・4から一つ選びなさい。

1 高齢ながらも彼は主役で熱演し、大賞を受賞した。

    1 ねつえん　　　　2 ねつよん　　　　3 れつえん　　　　4 れつよん

2 上の階の子供の足音が響き、うるさくてたまらない。

    1 そくおん　　　　2 そくおと　　　　3 あしおん　　　　4 あしおと

3 このような結果は不思議な偶然の一致だ。

    1 きぜん　　　　　2 ぎぜん　　　　　3 くうぜん　　　　4 ぐうぜん

4 山でご飯を炊くためには何が要りますか。

    1 うく　　　　　　2 たく　　　　　　3 だく　　　　　　4 むく

5 テニスの腕が上がったね。

    1 ひざ　　　　　　2 すじ　　　　　　3 うで　　　　　　4 かた

問題2 ＿＿＿＿の言葉を漢字で書くとき、最もよいものを1・2・3・4から一つ選びなさい。

6 アメリカにはいくつかきょだいな都市がある。

    1 巨大　　　　　　2 巨太　　　　　　3 拒大　　　　　　4 拒太

7 人と会うことにきょうふを感じる人はかなりいるということだ。

    1 恐布　　　　　　2 恐怖　　　　　　3 攻布　　　　　　4 攻怖

8 トランプでうらないをして運勢を当ててみる。

    1 占い　　　　　　2 点い　　　　　　3 拈い　　　　　　4 坫い

9 つゆに水を入れてうすめてざるそばを食べた。

    1 浅めて　　　　　2 深めて　　　　　3 薄めて　　　　　4 濃めて

10 山本君の部屋の<ruby>山本<rt>やまもと</rt></ruby>君の部屋の<u>かべ</u>にはアイドルのポスターが貼ってあった。

1 辟　　　　　　2 壁　　　　　　3 癖　　　　　　4 襞

問題3 （　　　　）に入れるのに最もよいものを、1・2・3・4から一つ選びなさい。

11 会社が遠いので一日の電車（　　　　）も大変だ。

1 金　　　　　　2 財　　　　　　3 賃　　　　　　4 料

12 このテレビ番組は子供に（　　　　）影響を与えるおそれがある。

1 下　　　　　　2 汚　　　　　　3 悪　　　　　　4 悲

13 結婚の招待（　　　　）を恩師に送った。

1 通　　　　　　2 状　　　　　　3 書　　　　　　4 証

14 サラリーマンは休日（　　　　）の仕事が一番辛いということだ。

1 明け　　　　　2 分け　　　　　3 閉め　　　　　4 空け

15 サッカー代表監督の任期（　　　　）になったら、どこのチームに行くだろう。

1 切れ　　　　　2 終え　　　　　3 止め　　　　　4 折れ

問題4 （　　　　）に入れるのに最もよいものを、1・2・3・4から一つ選びなさい。

16 今、会社が倒産してしまって（　　　　）がまわらない状態だ。

1 心　　　　　　2 頭　　　　　　3 首　　　　　　4 手

17 力の強い雄が（　　　　）のリーダーになる。

1 集れ　　　　　2 衆れ　　　　　3 群れ　　　　　4 多れ

18 このキャラクター人形は（　　　　）にとってはたまらない物でしょう。

1 マニア　　　　2 サウンド　　　　3 ステレオ　　　　4 バイク

19 6年間の日本での生活に別れを（　　　　）、国へ帰った。

1 告げて　　　　　2 語って　　　　　3 述べて　　　　　4 申して

20 このステーキ、本当に（　　　　）ですね。

1 めでたい　　　　2 こまかい　　　　3 くるしい　　　　4 やわらかい

21 火事で何もかもが（　　　　）しまった。

1 燃えて　　　　　2 焼えて　　　　　3 焦えて　　　　　4 燻えて

22 明日から3日間飲酒運転の取締りを（　　　　）に行います。

1 一部　　　　　　2 一段　　　　　　3 一斉　　　　　　4 一般

問題5　＿＿＿＿の言葉に意味が最も近いものを、1・2・3・4から一つ選びなさい。

23 卒業はそれぞれの世界へスタートする新しい段階だと言えるでしょう。

1 先立つ　　　　　2 巣立つ　　　　　3 役立つ　　　　　4 目立つ

24 ギターを演奏している先輩はとてもすてきだった。

1 うたがっている　2 かなでている　　3 すぐれている　　4 あじわっている

25 衛星を打ち上げるためには高度な技術と資金を要する。

1 発砲する　　　　2 発射する　　　　3 射撃する　　　　4 飛行する

26 法律の改正は政治家によっておのおの意見が異なった。

1 それぞれ　　　　2 ときどき　　　　3 たびたび　　　　4 しばしば

27 それは現にこの目で見たことを話しているわけであって、嘘ではない。

1 実際　　　　　　2 事実　　　　　　3 過去　　　　　　4 未来

問題6 次の言葉の使い方として最もよいものを、1・2・3・4から一つ選びなさい。

28 日当たり

  1 この部屋は日当たりさえよければいいのに。

  2 日当たりが少ない所での犯罪には注意を払うべきだ。

  3 アンケートを取れば、問題の深刻さは日当たりになる。

  4 子供の時、両親を失って日当たりが悪い環境で育った。

29 のんき

  1 こんな時、のんきにいられるものか。

  2 悲しい時、のんきな音楽を聞くのが趣味だ。

  3 夕べ、のんきに寝たので、頭がすっきりした。

  4 そんなに早く行かないでのんきに行こうじゃないか。

30 兼ねる

  1 散歩し兼ねて買い物をした。

  2 彼は選手と監督を兼ねている。

  3 彼ならそんな事、やり兼ねらない。

  4 上手になりたいなら、練習を兼ねるしかない。

31 いさぎよい

  1 彼は自分の過ちをいさぎよく認めた。

  2 山火事は今もいさぎよく広がっている。

  3 彼に頼んだらいさぎよく引き受けてくれた。

  4 いさぎよく話せる友達がいるのは幸いな事だ。

32 振り向く

  1 過去を振り向かないで頑張ろう。

  2 声がして振り向いたら担任の先生だった。

  3 小学校の時を振り向いたら、懐かしかった。

  4 この前の行いを振り向いて本当に恥ずかしいと思った。

정답은 P.141

問題1 ＿＿＿の言葉の読み方として最もよいものを、1・2・3・4から一つ選びなさい。

1　何も知らない児童を虐待するのは犯罪行為である。

　　1 あとう　　　　　2 あどう　　　　　3 しとう　　　　　4 じどう

2　この部屋をオフィスに改造するつもりだ。

　　1 かいじょ　　　2 かいじょう　　　3 かいぞ　　　　　4 かいぞう

3　亡き祖母の和やかな笑顔は一生忘れられない。

　　1 ふとやか　　　2 おだやか　　　　3 なごやか　　　　4 さわやか

4　この本は日本政府の過去の過ちを訴えている。

　　1 かかえて　　　2 ささえて　　　　3 とりかえて　　　4 うったえて

5　玉ねぎを刻んだら涙が出てきた。

　　1 あせ　　　　　2 せき　　　　　　3 なみだ　　　　　4 あぶら

問題2 ＿＿＿の言葉を漢字で書くとき、最もよいものを1・2・3・4から一つ選びなさい。

6　たいようは東から昇り、西に沈む。

　　1 太陽　　　　　2 太揚　　　　　　3 大陽　　　　　　4 大揚

7　放送時間をえんちょうして中継を送ります。

　　1 廷長　　　　　2 廷張　　　　　　3 延長　　　　　　4 延張

8　新しく開通した高速道路は時速140キロをげんどとしている。

　　1 限度　　　　　2 限道　　　　　　3 恨度　　　　　　4 恨道

9　これから自分の人生についてしんけんに考えなければならない。

　　1 真剣　　　　　2 真険　　　　　　3 真検　　　　　　4 真倹

10 インドネシアは<u>しま</u>が多い国だ。

1 島   2 鳥   3 烏   4 鳴

問題3 ( )に入れるのに最もよいものを、1・2・3・4から一つ選びなさい。

11 最近、使用( )切手がリサイクルされるそうだ。

1 終え   2 済み   3 切れ   4 止め

12 幼稚園の発表会で会社員( )にお辞儀をする男の子と女の子。

1 係   2 風   3 姿   4 式

13 田中さんは会社では 韓国( )として一番知られている。

1 補   2 通   3 法   4 形

14 このアルバイトは勤務時間や通勤時間や時給など私には( )条件だ。

1 真   2 新   3 好   4 良

15 この( )免許の有効期限は一年なので、注意してください。

1 短   2 仮   3 臨   4 完

問題4 ( )に入れるのに最もよいものを、1・2・3・4から一つ選びなさい。

16 2050年頃には、( )な食糧不足になると言われている。

1 重大   2 深刻   3 危険   4 不順

17 「口は( )の元」だから、発言には注意しましょう。

1 かぜ   2 うわさ   3 わざわい   4 こころざし

18 飛行機のエンジンに( )が発生して出発が1時間遅れた。

1 ナプキン   2 トラブル   3 キャンセル   4 トレーニング

[19] 機械の操作を（　　　　）大怪我をしてしまった。

1 なおって　　　　2 おこして　　　　3 あやまって　　　　4 かまえて

[20] 私は彼の合格が（　　　　）ならないのです。

1 やさしくて　　　2 やかましくて　　　3 うらやましくて　　　4 あつかましくて

[21] 彼は医科大学に編入してから前より（　　　　）勉強するようになった。

1 一回　　　　　　2 一般　　　　　　3 一層　　　　　　4 一時

[22] 貿易のバランスを（　　　　）ことは大事だ。

1 補う　　　　　　2 保つ　　　　　　3 数える　　　　　　4 収める

問題5 ＿＿＿＿の言葉に意味が最も近いものを、1・2・3・4から一つ選びなさい。

[23] カメラのフォーカスを合わせて写真を撮ることは難しい。

1 争点　　　　　　2 焦点　　　　　　3 欠点　　　　　　4 視点

[24] 善戦にもかかわらず試合に負けてしまった。

1 こわれて　　　　2 たおれて　　　　3 やぶれて　　　　4 くたびれて

[25] 世の中、何をしてもついている人もいれば何をやってもついていない人もいる。

1 ラッキーな　　　2 満足な　　　　　3 フレッシュな　　　4 円満な

[26] 昼ご飯の後、街路樹のある通りを散歩すると気持ちがいい。

1 並木　　　　　　2 植木　　　　　　3 果木　　　　　　4 木々

[27] 解答案は鉛筆あるいはボールペンで書いてください。

1 さらに　　　　　2 または　　　　　3 すべて　　　　　4 ただし

問題6 次の言葉の使い方として最もよいものを、1・2・3・4から一つ選びなさい。

28 時期

1 大統領を務める時期は5年だ。

2 セール時期中の交換はできません。

3 このチケットの有効時期は今月末だ。

4 東京で桜が咲く時期はいつごろですか。
　<ruby>東京<rt>とうきょう</rt></ruby>

29 乗り越える

1 この荷物は30キロも規定を乗り越えている。

2 いつでも相談に来てください。乗り越えますから。

3 彼女は体の障害を乗り越えて司法試験に合格した。

4 この車線では前の車を乗り越えてはならないことになっている。

30 こころよい

1 戦いで負けた武士はこころよく死んだ。

2 彼女の両親は結婚をこころよく承諾してくれた。

3 大学入試をこころよくあきらめざるを得なかった。

4 汚職事件について首相は国民にこころよく謝罪した。

31 気になる

1 社長は気にならないことがあると、すぐ怒鳴る。

2 部長に言われたことが気になって食事も喉を通らない。

3 週末になるとビールが飲みたい気になってたまらない。

4 小学生は気になって注意を払わないと道に迷いがちになる。

32 しいんと

1 汽車の汽笛がしいんと聞こえてきた。

2 観客は代表選手にしいんと拍手を送った。

3 秘密の話はしいんと守らなければならない。

4 友達の死を伝えると、教室の中がしいんとなった。

정답은 P.141

부록

問題1 _____の言葉の読み方として最もよいものを、1・2・3・4から一つ選びなさい。

① 漢字嫌いの学生を<u>救う</u>ため、いい教材を作る。

  1 おぎなう   2 すくう   3 やしなう   4 したがう

② 残ったご飯は<u>密閉</u>容器に入れておこう。

  1 ひっぺ   2 ひっぺい   3 みっぺ   4 みっぺい

③ <u>幼い</u>子供を残して亡くなった親友の家族に生活費を送った。

  1 こわい   2 のろい   3 おさない   4 こころよい

④ この野菜は弱火より<u>強火</u>で調理した方がもっと美味しい。

  1 きょうか   2 ぎょうが   3 つよひ   4 つよび

⑤ もう３０年前の事だが、今にも<u>鮮やか</u>に覚えている。

  1 すみやか   2 すこやか   3 あざやか   4 ゆるやか

問題2 _____の言葉を漢字で書くとき、最もよいものを1・2・3・4から一つ選びなさい。

⑥ 詐欺にあわないため、<u>あやしい</u>電話番号には出ないようにする。

  1 怪しい   2 貧しい   3 詳しい   4 乏しい

⑦ 話の本質を<u>かんけつ</u>に伝えるよう、考えをまとめる。

  1 間結   2 簡結   3 間潔   4 簡潔

⑧ この予備校には全国で一番有名な<u>こうし</u>がそろっている。

  1 講師   2 講仕   3 校師   4 校仕

9 政府は豪雪に<u>ともなう</u>被害の支援について発表した。

1 拾う　　　　　　　2 競う　　　　　　　3 伴う　　　　　　　4 従う

10 この仕事をするためには、体力を<u>やしなう</u>ことが大事だ。

1 敬う　　　　　　　2 養う　　　　　　　3 争う　　　　　　　4 補う

問題3 （　　　　）に入れるのに最もよいものを、1・2・3・4から一つ選びなさい。

11 親の教育（　　　　）によって子供は育つものだ。

1 制　　　　　　　　2 権　　　　　　　　3 観　　　　　　　　4 風

12 人は誰でも人生（　　　　）に対してポジティブな人と付き合いたいでしょう。

1 全面　　　　　　　2 全般　　　　　　　3 共通　　　　　　　4 共同

13 代表に選ばれた以上（　　　　）責任な態度をとらないようにしてください。

1 不　　　　　　　　2 無　　　　　　　　3 非　　　　　　　　4 総

14 不景気のため、海外の大学への進学（　　　　）がだんだん減っているそうだ。

1 合　　　　　　　　2 計　　　　　　　　3 率　　　　　　　　4 力

15 検事は強盗事件について（　　　　）捜査の可能性を述べた。

1 実　　　　　　　　2 試　　　　　　　　3 始　　　　　　　　4 再

問題4 （　　　　）に入れるのに最もよいものを、1・2・3・4から一つ選びなさい。

16 その政治家はスキャンダルを（　　　　）のに必死だった。

1 打ち消す　　　　　2 打ち上げる　　　　3 取り消す　　　　　4 呼び止める

17　女性は自分の重い荷物を軽々と持ってくれる男性を（　　　）と感じるようだ。

　　1 はげしい　　　　　2 たのもしい　　　　3 やかましい　　　　4 あつかましい

18　つい、（　　　）してしまい、乗り過ごした 。

　　1 わくわく　　　　　2 そわそわ　　　　　3 うとうと　　　　　4 しみじみ

19　履歴書には必ず自分の（　　　）ポイントを書くように。

　　1 センス　　　　　　2 マーナ　　　　　　3 エチケット　　　　4 アピール

20　あそこに立っていると通行の（　　　）になりますので ……。

　　1 危機　　　　　　　2 解放　　　　　　　3 邪魔　　　　　　　4 苦情

21　傘を置き忘れ、雨に（　　　）ぬれで帰ってしまった。

　　1 びっしょり　　　　2 ぐったり　　　　　3 がっかり　　　　　4 ゆっくり

22　相手の了解も得ずに列に（　　　）なんて非常識な行為だ。

　　1 立て込む　　　　　2 入り込む　　　　　3 割り込む　　　　　4 打ち込む

問題5 　　　　　の言葉に意味が最も近いものを、1・2・3・4から一つ選びなさい。

23　臆病な自分を変えるのは、先ず臆病な自分を認める勇気が必要だ。

　　1 調子が悪い　　　　2 何でも怖がる　　　3 体調が良くない　　4 よく嘘をつく

24　おそらくお父さんは結婚の承諾をしてくれないだろう。

　　1 たぶん　　　　　　2 たいてい　　　　　3 しかたがなく　　　4 なさけなく

25　医学部の2年生になって、勉強がいっそうわからなくなった。

　　1 急に　　　　　　　2 もっと　　　　　　3 だいぶ　　　　　　4 徐々に

26 先のお客様がお勘定を済ませました。

1 計算をしました 　　　　　　　　2 お金を払いました

3 割り勘をしました 　　　　　　　　4 作り上げました

27 部長はとっくについているはずなんですが……。

1 ずっと前に 　　　　2 先ほど 　　　　3 間もなく 　　　　4 今のうち

問題6　次の言葉の使い方として最もよいものを、1・2・3・4から一つ選びさない。

28 いっせいに

1 先生はいっせいに夏休みの宿題を出してくれた。

2 冷たい牛乳をいっせいに飲み干すのは体に良くない。

3 今月まで小説をいっせいに書き上げるのは無理だ。

4 鳩はいっせいに飛び立って通りがかりの人を驚かせた。

29 頑丈

1 車を買うなら頑丈な車を買いたい。

2 ごぶさたしておりますが、頑丈ですか。

3 彼は口が頑丈だから、秘密は守るでしょう。

4 この料理は頑丈な素材を使っているので美味しい。

30 合図

1 授業を始める前、先生と生徒は合図を交わした。

2 合図を入れて重量挙げ選手はバーベルを持ち上げた。

3 終業の合図の音楽は「ワルツ」だから、活気がある。

4 あの店の店員さんは合図がいいから皆に好かれている。

31　カット

1　親友に借金を頼んだが、カットされてしまった。

2　あの歌手はカット曲が一つもないのに人気がある。

3　不況が長引き、賃金をカットされる人が結構あるらしい。

4　仕事を怠けていたら、カットになりかねないから気をつけて。

32　最寄

1　すみません。最寄の駅はどちらですか。

2　こちらが最寄の情報でございます。

3　木村<ruby>木村<rt>きむら</rt></ruby>さんは最寄の成績で卒業した。

4　先生は最寄の切手のコレクションを見せてくれた。

정답은 P.141

問題1 _____ の言葉の読み方として最もよいものを、1・2・3・4から一つ選びなさい。

1. 真冬日が続き、土が凍って作業が大変だ。
   1 にごって　　　　2 おとって　　　　3 こおって　　　　4 きそって

2. この硬貨は発行年度がかなり古い。
   1 こうか　　　　2 ごうか　　　　3 こうが　　　　4 ごうが

3. 社会経験に乏しい聖職者が増えているのは問題だ。
   1 かなしい　　　　2 まずしい　　　　3 くわしい　　　　4 とぼしい

4. 最初から、そんな膨大な予算を立てるのはよくないと思う。
   1 ばくだい　　　　2 はくだい　　　　3 ぼうだい　　　　4 ほうだい

5. この論文は様々な現象や法則の上に成り立っている。
   1 げんそう　　　　2 げんぞう　　　　3 げんしょう　　　　4 げんぞう

問題2 _____ の言葉を漢字で書くとき、最もよいものを1・2・3・4から一つ選びなさい。

6. ご料金はサービス料もふくめておりますが……。
   1 含めて　　　　2 集めて　　　　3 絡めて　　　　4 埋めて

7. 中高自動車でもせいぞう年月日を知っておいた方がいい。
   1 制造　　　　2 制調　　　　3 製造　　　　4 製調

8. 『ピカソ展』を非常に興味深くかんしょうして来た。
   1 感傷　　　　2 感賞　　　　3 鑑傷　　　　4 鑑賞

9 「もう少し頑張れば良かった」とくやしい気持ちでいっぱいだ。

1 苦しい　　　　　2 激しい　　　　　3 悔しい　　　　　4 険しい

10 性的嫌がらせを告発されたプロデューサーが自分のあやまちを認めた。

1 違ち　　　　　　2 誤ち　　　　　　3 謝ち　　　　　　4 過ち

問題3 （　　　）に入れるのに最もよいものを、1・2・3・4から一つ選びなさい。

11 社長の決裁（　　　）の書類はあそこにありますが……。

1 切れ　　　　　　2 済み　　　　　　3 終え　　　　　　4 限り

12 卒業論文は先生の指導（　　　）で進められている。

1 元　　　　　　　2 下　　　　　　　3 制　　　　　　　4 風

13 今年から関税が25パーセントという（　　　）水準まで引き上げられるそうだ。

1 上　　　　　　　2 高　　　　　　　3 最　　　　　　　4 再

14 両国の歴史認識の（　　　）問題について解決策を探る。

1 総　　　　　　　2 諸　　　　　　　3 数　　　　　　　4 元

15 ペット（　　　）旅行におすすめのホテルはありますか。

1 添え　　　　　　2 伴い　　　　　　3 連れ　　　　　　4 付き

問題4 （　　　）に入れるのに最もよいものを、1・2・3・4から一つ選びなさい。

16 16世紀の交響曲を現代風に（　　　）してみた。

1 リサイクル　　　2 ガレージ　　　　3 リアクション　　4 アレンジ

17 バイオリンが弾ける人は音楽に（　　　　）耳を持っているということだ。

1 にぶい　　　　　　2 くどい　　　　　　3 するどい　　　　　4 そそっかしい

18 お客さんが出された料理について（　　　　）と話していると何か気になる。

1 ぎりぎり　　　　　2 ひそひそ　　　　　3 だぶだぶ　　　　　4 よろよろ

19 先生でも生徒の日記を勝手に読むのは（　　　　）の侵害である。

1 プライド　　　　　2 プログラム　　　　3 プライベート　　　4 プライバシー

20 部長はテンションがアップすると（　　　　）な口癖がある。

1 独特　　　　　　　2 器用　　　　　　　3 新鮮　　　　　　　4 利口

21 災害の時、十分に食料を（　　　　）することが難しくなる恐れがある。

1 確保　　　　　　　2 取得　　　　　　　3 保障　　　　　　　4 収穫

22 今度の話し合いの結論は次回に（　　　　）ことにした。

1 持ち帰る　　　　　2 持ち越す　　　　　3 持ち出す　　　　　4 持ち運ぶ

問題5 ＿＿＿＿の言葉に意味が最も近いものを、1・2・3・4から一つ選びなさい

23 彼は政界でまれに正直な政治家である。

1 数多い　　　　　　2 ほとんどない　　　3 経験豊か　　　　　4 めずらしくない

24 「本当に美味しい店だ」と行ってみたが、味はともかく接客の悪さに失望した。

1 びっくり　　　　　2 がっかり　　　　　3 ゆったり　　　　　4 ぴったり

25 私は疑問に思っていることをしきりに質問する癖がある。

1 ぱっと　　　　　　2 急に　　　　　　　3 つづいて　　　　　4 いきなり

26 この和菓子、みかけは地味でも味わいは最高だ。

1 予想　　　　　　　2 外見　　　　　　　3 食感　　　　　　　4 包装

27 鈴木さんが飼っている犬はかわいいだけではなく利口に見えますね。

1 かしこい　　　　　2 したしい　　　　　3 すばやい　　　　　4 にくらしい

問題6　次の言葉の使い方として最もよいものを、1・2・3・4から一つ選びさ

28 積もる

1 出来上がった料理がきれいにお皿に積もっている。

2 この頃、疲れが積もっていて何をしても意欲がない。

3 夕べ、大雪のため山奥の村に105センチも雪が積もった。

4 最近は大人だけではなく子供もストレスが積もっているそうだ。

29 あわただしい

1 海外旅行が一泊二日だなんて、あわただしい旅行になるに違いない。

2 駅のホームから鳴るあわただしいベルの音が乗客の気持ちを焦らせる。

3 おあわただしいところ、すみませんが、ちょっとよろしいでしょうか。

4 その広場にはあわただしい数の群衆が大統領の演説を聞くため集まった。

30 余裕

1 休日、余裕をどのように過ごしている人が多いだろう。

2 日本画の特徴は空間の美しさ、つまり余裕の美にある。

3 年収がどれくらいあれば、生活に余裕が感じられるのでしょうか。

4 研究に余裕がないので、食事をとるのもしばしば忘れることもある。

31 さっさと

1 要らないものを<u>さっさと</u>捨てないと後になって困る。

2 申し訳ございませんが、<u>さっさと</u>ご返事をお待ちしております。

3 冗談を混じりながら授業をしている先生に<u>さっさと</u>笑ってしまった。

4 昨日、洪水があったため、河川の流れが<u>さっさと</u>速くなってしまった。

32 大げさ

1 駅の改札にクリスマスツリーが<u>大げさ</u>に飾ってあった。

2 実績が物を言うから、<u>大げさ</u>な目標を立てて頑張ってください。

3 ここからは本当に危ないですから、<u>大げさ</u>に気を付けてください。

4 取引先との値引き交渉に臨むため、<u>大げさ</u>な準備をするつもりだ。

정답은 P.141

問題1 ＿＿＿＿＿の言葉の読み方として最もよいものを、1・2・3・4から一つ選びなさい。

1　待ちに待った<u>抽選</u>で景品が当たった。

　　1 ついせん　　　　2 つうせん　　　　3 ちゅうせん　　　　4 しゅうせん

2　試験に<u>遅刻</u>した場合、受けることはできません。

　　1 じこく　　　　　2 じごく　　　　　3 ちこく　　　　　　4 ちごく

3　警察は誘拐犯の<u>行方</u>を追っている最中だ。

　　1 ゆくほう　　　　2 ゆきかた　　　　3 ゆくえ　　　　　　4 ゆきえ

4　人を<u>疑う</u>前にもう一度探してみた方がいいと思う。

　　1 したがう　　　　2 うたがう　　　　3 さからう　　　　　4 からかう

5　子供の頃、よく<u>土遊び</u>をしたものだ。

　　1 とあそび　　　　2 どあそび　　　　3 つちあそび　　　　4 とちあそび

問題2 ＿＿＿＿＿の言葉を漢字で書くとき、最もよいものを1・2・3・4から一つ選びなさい。

6　<ruby>黒澤明<rt>くろさわあきら</rt></ruby>監督は日本の映画界に大いに<u>こうけん</u>した監督として世界的にも有名だ。

　　1 貢献　　　　　　2 貢憲　　　　　　3 功献　　　　　　　4 功憲

7　裁判官はどのことについても<u>こうせい</u>に判決をすべきだ。

　　1 公正　　　　　　2 公政　　　　　　3 功正　　　　　　　4 功政

8　細かいことは<u>はぶいて</u>議事をどんどん進もう。

　　1 省いて　　　　　2 傾いて　　　　　3 導いて　　　　　　4 招いて

9 父はいつも「人の話には耳をかたむけるものだ」と言った。

1 傾ける　　　　　2 偏ける　　　　　3 片付ける　　　　　4 片寄ける

10 この冷蔵庫は自動しも取り装置が付いている。

1 雲　　　　　　　2 霜　　　　　　　3 霧　　　　　　　　4 露

問題3 （　　　）に入れるのに最もよいものを、1・2・3・4から一つ選びなさい。

11 これは著作（　　　）を侵害することである。

1 力　　　　　　　2 件　　　　　　　3 権　　　　　　　　4 状

12 今度の日程は（　　　）公式で行われる予定です。

1 不　　　　　　　2 否　　　　　　　3 非　　　　　　　　4 無

13 法案の改正には（　　　）半数の賛成を必要とする。

1 超　　　　　　　2 過　　　　　　　3 可　　　　　　　　4 最

14 海外で人気があった日本アニメが（　　　）輸入された。

1 反　　　　　　　2 逆　　　　　　　3 対　　　　　　　　4 半

15 製品の部品がなく（　　　）修理のままで返却された。

1 未　　　　　　　2 再　　　　　　　3 非　　　　　　　　4 不

問題4 （　　　）に入れるのに最もよいものを、1・2・3・4から一つ選びなさい。

16 近所に（　　　）営業のレストランができ、客でにぎわっている。

1 暗夜　　　　　　2 夜中　　　　　　3 深夜　　　　　　　4 徹夜

17 眠れないときは、羊の（　　　　）を数えると眠れるそうだ。

1 量 　　　　　　2 数 　　　　　　3 頭 　　　　　　4 顔

18 彼の歌はまだ（　　　　）の域を出ない。

1 アップ 　　　　2 アマチュア 　　3 アナウンサー 　　4 アプローチ

19 代表選手に選ばれるため、練習を1日も（　　　　）。

1 至らない 　　　2 欠かさない 　　3 及ばない 　　　　4 掛けない

20 このワンちゃん、かわいくてずいぶん（　　　　）ですね。

1 したしい 　　　2 まずしい 　　　3 おとなしい 　　　4 さわがしい

21 （　　　　）なことに運動会は中止になってしまった。

1 さいわい 　　　2 あいにく 　　　3 あんがい 　　　　4 おもわず

22 彼が残した偉大な（　　　　）を忘れてはいけません。

1 足音 　　　　　2 足跡 　　　　　3 足元 　　　　　4 足掛

問題5 　　　　の言葉に意味が最も近いものを、1・2・3・4から一つ選びなさい。

23 群れを率いるボス猿には、威厳がある。

1 リーダーする 　2 リードする 　　3 キャプテンする 　4 ベテランする

24 兄に借金を頼んだが、断られてしまった。

1 断絶されて 　　2 拒絶されて 　　3 謝絶されて 　　　4 絶断されて

25 会社が倒産するという噂が流れた。

1 やぶれる 　　　2 つぶれる 　　　3 わかれる 　　　　4 こわれる

26 飛行機事故で多くの貴重な命が失われた。

1 こいしい　　　　2 かなしい　　　　3 とうとい　　　　4 むなしい

27 大統領の演説中、突然銃声が聞こえてきた。

1 ぼんやり　　　　2 びっくり　　　　3 いきなり　　　　4 ぴったり

問題6 次の言葉の使い方として最もよいものを、1・2・3・4から一つ選びさない。

28 感心

1 彼女の努力には皆感心した。

2 私は彼にあまり感心がない。

3 気に入った人物だけに感心も大きい。

4 あなたの心の傷は私も同じ感心を持っています。

29 みっともない

1 人前でげっぷを出すなんてみっともない。

2 家族と離れて暮らすのは心がみっともない。

3 彼の成功をみっともないのは皆がおかしい。

4 彼のものまねはみっともなくて笑わずにはいられない。

30 めったに

1 彼がやったことはめったに理解できる。

2 新製品はめったに売り上げが伸びている。

3 最近忙しくてめったに本を読む時間がない。

4 成績がめったに上がったから、もう満足です。

31 つまずく

1 不景気が続き、会社が<u>つまずいて</u>しまった。

2 野球の応援をしたため、喉が<u>つまずいて</u>しまった。

3 先生は私の話に耳を<u>つまずいて</u>くれた。

4 夜道で<u>つまずいて</u>怪我するかと思った。

32 薄める

1 聞こえないように声を<u>薄めて</u>ください。

2 ウイスキーを氷と水で<u>薄めて</u>飲むのが好きだ。

3 バレーボールをする前に、着る物を<u>薄め</u>ましょう。

4 かばんが<u>重</u>すぎて持てない。中身をちょっと<u>薄めよ</u>う。

정답은 P.142

問題1 _____の言葉の読み方として最もよいものを、1・2・3・4から一つ選びなさい。

1 　この機械は操作が複雑だ。

    1 そさ　　　　　　**2** そうさ　　　　　　**3** そさく　　　　　　**4** そうさく

2 　この小説には時代の特色がよく表れている。

    1 とくしょく　　　**2** どくしょく　　　**3** とくしき　　　　**4** どくしき

3 　調味料の加え方によって料理の味は微妙に変わる。

    1 びみょ　　　　　**2** びみょう　　　　**3** みみょ　　　　　**4** みみょう

4 　あの子は飽きることなく漫画を読んでいる。

    1 あきる　　　　　**2** いきる　　　　　**3** しきる　　　　　**4** さきる

5 　あそこに見える旗がアメリカの国旗です。

    1 はた　　　　　　**2** かた　　　　　　**3** すみ　　　　　　**4** かべ

問題2 _____の言葉を漢字で書くとき、最もよいものを1・2・3・4から一つ選びなさい。

6 　厳しいくんれんを耐えぬいた海兵隊。

    1 訓練　　　　　　**2** 訓鍊　　　　　　**3** 勲練　　　　　　**4** 勲鍾

7 　機械がこしょうしたため、生産はすべて中断された。

    1 故偉　　　　　　**2** 故障　　　　　　**3** 鼓偉　　　　　　**4** 鼓障

8 　彼女は今、結婚と仕事とどちらを取るべきかなやんでいる。

    1 悩んで　　　　　**2** 脳んで　　　　　**3** 苦んで　　　　　**4** 悔んで

9 そまつなお菓子ですが、どうぞ、召し上がってください。

1 租未　　　　　　　2 租末　　　　　　　3 粗未　　　　　　　4 粗末

10 車の窓を開けるとしおの香りがした。

1 波　　　　　　　　2 池　　　　　　　　3 湖　　　　　　　　4 潮

問題3 (　　　　)に入れるのに最もよいものを、1・2・3・4から一つ選びなさい。

11 今度のボランティアは幅広い年齢（　　　　）の方々が活躍中です。

1 層　　　　　　　　2 総　　　　　　　　3 順　　　　　　　　4 状

12 人に信頼（　　　　）を築くためどうすればいいだろう。

1 類　　　　　　　　2 気　　　　　　　　3 性　　　　　　　　4 型

13 俳優にとって（　　　　）舞台の感激は忘れられないでしょう。

1 始　　　　　　　　2 初　　　　　　　　3 最　　　　　　　　4 試

14 このサラダには和（　　　　）のこのドレッシングがぴったりだ。

1 式　　　　　　　　2 風　　　　　　　　3 産　　　　　　　　4 出

15 （　　　　）免許を取得したら人を助手席に乗せても大丈夫だ。

1 仮　　　　　　　　2 臨　　　　　　　　3 準　　　　　　　　4 副

問題4 (　　　　)に入れるのに最もよいものを、1・2・3・4から一つ選びなさい。

16 都会では（　　　　）な生活をしている老人が多い。

1 孤立　　　　　　　2 独立　　　　　　　3 孤独　　　　　　　4 独身

17 この国ではまだ貧富の（　　　　）が激しい。

1 差　　　　　　　　2 間　　　　　　　　3 間隔　　　　　　　　4 差別

18 （　　　　）の怪我で、僕のチームは不安だ。

1 エース　　　　　　2 トップ　　　　　　3 マニア　　　　　　4 イメージ

19 このダムは10年の歳月を（　　　　）完成した。

1 あまって　　　　　2 のこして　　　　　3 ついやして　　　　4 あらためて

20 高速道路の工事は（　　　　）と進行している。

1 じゅんじゅん　　　2 しょうしょう　　　3 ちゃくちゃく　　　4 めちゃめちゃ

21 このデパートは世界のいろんな物が（　　　　）と並んでいる。

1 やっぱり　　　　　2 いきなり　　　　　3 こっそり　　　　　4 ずらり

22 盲人の場合、音楽などに（　　　　）を表すことが少なくないそうだ。

1 天才　　　　　　　2 先天　　　　　　　3 頭角　　　　　　　4 努力

問題5 ＿＿＿＿の言葉に意味が最も近いものを、1・2・3・4から一つ選びなさい。

23 20年前、おぼれている子供をたすけたことがある。

1 すくった　　　　　2 たのんだ　　　　　3 とらえた　　　　　4 なくした

24 最近、小学生の間でカーリングが流行しているということだ。

1 はやって　　　　　2 あびて　　　　　　0 うやまって　　　　4 さびれて

25 伝統文化を継承する人が減っている。

1 つぐ　　　　　　　2 うかる　　　　　　3 かぞえる　　　　　4 ためらう

26 世界を騒がした政界のスキャンダルの真相が段々明らかになってきた。

1 しきりに　　　　2 しだいに　　　　3 にわかに　　　　4 やたらに

27 寒気がするのを我慢してプールへ行き、試合のために練習をした。

1 たえて　　　　　2 まなんで　　　　3 くりかえして　　　4 こころえて

問題6 次の言葉の使い方として最もよいものを、1・2・3・4から一つ選びさない。

28 にわか

1 祖母の病状はにわかに変化した。

2 ここから駅まではにわか3分ぐらいだ。

3 急ぎの用件だから、にわかにしてください。

4 これは極秘なので、にわかな注意が必要だ。

29 あきれる

1 テレビゲームはもうあきれてしまった。

2 彼と10年間付き合ってあきれてしまった。

3 ブランドのカバンの値段にあきれてしまった。

4 決してあきれない。最後までチャレンジするつもりだ。

30 くどい

1 彼の説明はくどくてたまらない。

2 この川は汚染されてくどくにおう。

3 親友に裏切られてとてもくどかった。

4 生まれたばかりの赤ちゃんを捨てるなんてくどい話だ。

31 利口

1 このバスの路線は便利だから、利口だ。

2 利口な商売方法でお客をだましてもうけた。

3 手先が利口な人はこの仕事がぴったりです。

4 当時、大学進学を先生に相談したのは利口だった。

32 わくわく

1 頭痛がして頭がわくわくしてたまらない。

2 わくわくとしながら掲示板の人事異動の知らせを見た。

3 わくわくと笑い声が絶えない幸せな家庭を築くのが夢だ。

4 アイドルがステージに登場するとわくわく拍手を送った。

정답은 P.142

問題1 _____の言葉の読み方として最もよいものを、1・2・3・4から一つ選びなさい。

① 問題の映像が広範囲に流布されて警察が捜査に着手した。
1 りゅうほ　　2 りゅうふ　　3 るほ　　4 るふ

② 彼女は頬ににきびができて悩んでいるそうだ。
1 ひたい　　2 はな　　3 ほお　　4 あご

③ 人間は法の元に平等でなければならないのだ。
1 ひょうどう　　2 ひょうとう　　3 びょうどう　　4 びょうとう

④ 中国は麻薬の密輸に対しては厳重な処罰をしている。
1 みつゆ　　2 みつゆう　　3 みっしゅ　　4 みっしゅう

⑤ 日本の新聞もキム選手の優勝を詳細に報道した。
1 しょうせい　　2 しょうさい　　3 そうせい　　4 そうさい

問題2 _____の言葉を漢字で書くとき、最もよいものを1・2・3・4から一つ選びなさい。

⑥ この病気に伴うてんけいてきな症状である。
1 全形的　　2 全型的　　3 典形的　　4 典型的

⑦ ペキンでは交通のじゅうたいが大問題になっているらしい。
1 静滞　　2 静帯　　3 渋帯　　4 渋滞

⑧ 無計画な研究ではなく、けいとうを立てるべきだ。
1 係統　　2 系統　　3 継続　　4 計統

9 この教材は受験者たちの間でひょうばんがいい。

1 評版 2 評板 3 評半 4 評判

10 肌がやけないようにクリームを十分塗りましょう。

1 燃けない 2 焦けない 3 焼けない 4 炊けない

問題3 ( )に入れるのに最もよいものを、1・2・3・4から一つ選びなさい。

11 二人のラブ相性を血液( )で占ってみた。

1 形 2 型 3 刑 4 票

12 まだ、台風が向かう到着( )が決まっているわけではない。

1 点 2 台 3 所 4 場

13 これだけ景気が悪いのに医療( )を上げようとするのは理解できない。

1 額 2 費 3 賃 4 金

14 大統領は電気自動車を( )運転した。

1 諸 2 始 3 試 4 正

15 入学する学校まで通学( )内のマンションを探している。

1 券 2 圏 3 便 4 層

問題4 ( )に入れるのに最もよいものを、1・2・3・4から一つ選びなさい。

16 名前を呼んでも彼は( )と立っているだけだった。

1 しっかり 2 のんびり 3 ぼんやり 4 はっきり

17 球速の弱点さえ（　　　）すれば完璧なピッチャーになれる。

1 オーバー　　　　　2 サポート　　　　　3 リラックス　　　　4 カバー

18 教育問題の（　　　）をめぐって様々な討論会が開かれている。

1 争点　　　　　　　2 頂点　　　　　　　3 長点　　　　　　　4 利点

19 経歴を認められて前の会社よりいい条件で（　　　）。

1 働かれた　　　　　2 雇われた　　　　　3 用いられた　　　　4 努められた

20 父の（　　　）に従って財産の一部を社会に還元した。

1 予言　　　　　　　2 遺言　　　　　　　3 換言　　　　　　　4 妄言

21 この地域は暖かい上に天気も（　　　）で住みやすい。

1 適当　　　　　　　2 適切　　　　　　　3 快活　　　　　　　4 快適

22 最近の若者たちは（　　　）はずれの行動を見せることがある。

1 常識　　　　　　　2 知識　　　　　　　3 認識　　　　　　　4 見識

問題5 ＿＿＿＿の言葉に意味が最も近いものを、1・2・3・4から一つ選びなさい。

23 長官が辞任することを当分は秘密にしておこう。

1 そのうち　　　　　2 まもなく　　　　　3 しばらく　　　　　4 やや

24 私は職をうしなったことはあるが、希望をうしなったことはない。

1 みつけた　　　　　2 わすれた　　　　　3 なくした　　　　　4 とらえた

25 いつもへりくだった態度で生きていきたいと思っている。

1 謙遜な　　　　　　2 堂々とした　　　　　3 高慢な　　　　　　4 楽天的な

26 あの子はかめのように動作が<u>のろい</u>。

1 早い　　　　　　　　2 賢い　　　　　　　　3 鋭い　　　　　　　　4 遅い

27 読解では要点をよく<u>把握</u>することがポイントになる。

1 さがす　　　　　　　2 つかむ　　　　　　　3 とける　　　　　　　4 わかる

問題6　次の言葉の使い方として最もよいものを、1・2・3・4から一つ選びさない。

28 経営

1 健康のためには栄養の<u>経営</u>が重要だ。

2 大統領とは低い場で国民を<u>経営</u>する人だ。

3 遠足にいった時は子供たちをよく<u>経営</u>すべきだ。

4 先生とは学級の<u>経営</u>者であるのだ。

29 防ぐ

1 この辺りは睡眠を<u>防ぐ</u>いろんな音がする。

2 事故を<u>防ぐ</u>ためには気をつけるだけでは足りない。

3 勉強に<u>防ぐ</u>ものは全部すてることにした。

4 忘れ物をしないようにしっかり<u>防ぐ</u>ことにした。

30 無駄

1 彼女は動物に対して<u>無駄</u>な愛情を持っている。

2 何でも<u>無駄</u>にする人をけちという。

3 今までの努力がけっして<u>無駄</u>にはならないだろう。

4 病室内でタバコを吸っては<u>無駄</u>だ。

31　有能

1　企業は<u>有能</u>な人材を必要とするほかない。

2　この契約書の内容は今日から３年間<u>有能</u>だ。

3　この仕事は経験<u>有能</u>のいかんによらず誰でもできる。

4　あの歌手は<u>有能</u>な歌で観客を感動させた。

32　変更

1　客に<u>変更</u>して強盗を働く事件が起こっている。

2　犯罪者だった彼が新しい人に<u>変更</u>された。

3　科目の<u>変更</u>は不可能なので注意してください。

4　社会の<u>変更</u>のためには新しいリーダーシップが必要だ。

 정답은 P.142

問題1 ＿＿＿の言葉の読み方として最もよいものを、1・2・3・4から一つ選びなさい。

① 伝染病によって全ての学校が<u>臨時</u>休校に入った。
　　1 りんじ　　　　2 りんし　　　　3 にんじ　　　　4 にんし

② 不便な<u>姿勢</u>で横になっていたので首が痛い。
　　1 しさい　　　　2 しざい　　　　3 しせい　　　　4 しぜい

③ なんでも<u>極端</u>に考えるのはよくない。
　　1 きょくたん　　2 きょくだん　　3 こうたん　　　4 こうだん

④ 気象<u>観測</u>を始めて以来、最高気温を記録した。
　　1 かんしょく　　2 かんそく　　　3 かんせき　　　4 かんさつ

⑤ 高速道路で<u>追突</u>事故にあったが、全然怪我をしなかった。
　　1 ついどう　　　2 ついとう　　　3 ついどつ　　　4 ついとつ

問題2 ＿＿＿の言葉を漢字で書くとき、最もよいものを1・2・3・4から一つ選びなさい。

⑥ 弟は大学で<u>いるい</u>デザインを専攻した。
　　1 依類　　　　　2 依数　　　　　3 衣類　　　　　4 衣数

⑦ 兄が修士学位を受けることになって<u>じゅよ</u>式に参加する予定だ。
　　1 授与　　　　　2 授余　　　　　3 受与　　　　　4 受余

⑧ そんなあいまいな<u>たいど</u>は取らないでください。
　　1 態渡　　　　　2 態度　　　　　3 能渡　　　　　4 能度

9 箱は全部あそこの隅に<u>つん</u>でおきましょう。

　　1 績んで　　　　　2 摘んで　　　　　3 積んで　　　　　4 責んで

10 若いころの苦労は人生の何より<u>きちょう</u>な宝にちがいない。

　　1 遺重　　　　　2 遺軽　　　　　3 貴重　　　　　4 貴軽

問題3 （　　　）に入れるのに最もよいものを、1・2・3・4から一つ選びなさい。

11 姉は官庁に、兄は消防（　　　）に勤めている。

　　1 著　　　　　2 署　　　　　3 曙　　　　　4 暑

12 一度は（　　　）高層マンションに住んでみたい。

　　1 長　　　　　2 超　　　　　3 越　　　　　4 過

13 大統領は記者（　　　）の前で改革の意志を表明した。

　　1 通　　　　　2 団　　　　　3 組　　　　　4 隊

14 最近、建設業（　　　）の人手不足が深刻だ。

　　1 界　　　　　2 区　　　　　3 流　　　　　4 類

15 野球代表チームは（　　　）決勝まで進んだ。

　　1 前　　　　　2 準　　　　　3 副　　　　　4 次

問題4 （　　　）に入れるのに最もよいものを、1・2・3・4から一つ選びなさい。

16 歩いても（　　　）10分ぐらいだから遠い距離ではないのだ。

　　1 やっと　　　　　2 せいぜい　　　　　3 とうとう　　　　　4 つい

17 入院中の父は（　　　　）食べたがっているから、困る。

1 やがて　　　　　　2 やたらに　　　　　　3 いきなり　　　　　4 どっと

18 学校の給食は民間会社に（　　　　）している。

1 委託　　　　　　　2 勤務　　　　　　　　3 任命　　　　　　　4 信頼

19 山田さんはなぜか朝から（　　　　）顔をしている。

1 落ちた　　　　　　2 逃げた　　　　　　　3 悲しんだ　　　　　4 沈んだ

20 医者の（　　　　）を取ろうと徹夜しながら勉強している。

1 免許　　　　　　　2 許可　　　　　　　　3 免税　　　　　　　4 許容

21 この電子辞書はデザインもいいし操作も（　　　　）で人気がある。

1 手元　　　　　　　2 手頃　　　　　　　　3 手軽　　　　　　　4 手書

22 間違いがあるといってもある（　　　　）は認められるだろう。

1 限度　　　　　　　2 程度　　　　　　　　3 密度　　　　　　　4 軽度

問題5 ＿＿＿＿の言葉に意味が最も近いものを、1・2・3・4から一つ選びなさい。

23 試験の前日になってあわててもはじまらない。

1 じたばたしても　　2 わいわいしても　　3 じめじめしても　　4 ぶらぶらしても

24 海外営業部にシングルが多いと聞いて耳を疑った。

1 独身　　　　　　　2 独立　　　　　　　　3 孤独　　　　　　　4 孤立

25 私は自分をせっかちな人だと思ってきたが、先生の考えは違った。

1 生意気な　　　　　2 楽天的な　　　　　　3 短気な　　　　　　4 謙遜な

26 お客を<u>ぞんざいに</u>扱う店なんてもう昔の話だ。

1 丁寧に　　　　　　2 懸命に　　　　　　3 親切に　　　　　　4 無礼に

27 友人からのお土産は派手に<u>つつんで</u>あった。

1 変装して　　　　　2 包装して　　　　　3 装飾して　　　　　4 装着して

問題6　次の言葉の使い方として最もよいものを、1・2・3・4から一つ選びなさい。

28 弁護

1 壊された物については必ず<u>弁護</u>させています。

2 <u>弁護</u>を迫られて自殺する事件が増えている。

3 彼はいつも<u>弁護</u>ばかりしていて上司に嫌われている。

4 法廷で友達を<u>弁護</u>するために最善を尽くした。

29 むなしい

1 水一滴も<u>むなしく</u>使ってはいけないというものだ。

2 この映画のテーマは人生の<u>むなしい</u>ことを表している。

3 うなぎ丼が100円なんて<u>むなしい</u>みたいだ。

4 山田選手は<u>むなしい</u>パワーの持ち主だ。

30 抑える

1 貧しかった少年は天下を<u>抑える</u>王になった。

2 謙遜な人も権力を<u>抑えた</u>が最後、高慢になるにきまっている。

3 伝染病が広がるのを<u>抑える</u>ために対策を講じなければならない。

4 地下鉄の中で足を<u>抑えられて</u>とても不愉快だった。

31 適する

1 ジョギングに適した靴が買いたい。

2 息子は新しい学校によく適してくれた。

3 新税法は3月から適されることになっている。

4 はさみはてこの原理を適した物だ。

32 両替

1 けんかが起こった両替とも悪いのだから反省しよう。

2 私はいつも物事の両替を見て判断しようとしている。

3 円高が続いているから両替は後にすることにした。

4 承認までは両替のサインだけを残している状況だ。

정답은 P.142

●● 연습문제

| 問題 5 | 01.② | 02.① | 03.② | 04.① | 05.④ |
| 問題 6 | 01.③ | 02.③ | 03.③ | 04.② | 05.③ |

●● 종합 모의고사

問題 1	01.①	02.③	03.④	04.②	05.②		
問題 2	06.③	07.③	08.③	09.④	10.②		
問題 3	11.②	12.①	13.①	14.②	15.②		
問題 4	16.①	17.②	18.③	19.①	20.③	21.①	22.④
問題 5	23.③	24.①	25.①	26.③	27.①		
問題 6	28.①	29.④	30.②	31.③	32.①		

問題 1	01.②	02.②	03.②	04.④	05.④		
問題 2	06.①	07.①	08.④	09.③	10.②		
問題 3	11.③	12.①	13.②	14.①	15.③		
問題 4	16.②	17.②	18.④	19.③	20.③	21.①	22.③
問題 5	23.②	24.③	25.①	26.①	27.②		
問題 6	28.③	29.④	30.③	31.④	32.③		

●● 연습문제

問題 1	01.④	02.④	03.②	04.②	05.③		
問題 2	01.②	02.③	03.①	04.①	05.②		
問題 3	01.①	02.②	03.②	04.②	05.①		
問題 4	01.③	02.②	03.①	04.①	05.②	06.①	07.③
問題 5	01.①	02.①	03.②	04.③	05.①		
問題 6	01.①	02.①	03.①	04.③	05.④		

●● 종합 모의고사

問題 1	01.①	02.④	03.④	04.②	05.③		
問題 2	06.①	07.②	08.①	09.③	10.②		
問題 3	11.③	12.③	13.②	14.①	15.①		
問題 4	16.③	17.③	18.①	19.①	20.④	21.①	22.③
問題 5	23.②	24.②	25.②	26.①	27.①		
問題 6	28.①	29.①	30.②	31.①	32.②		

問題 1	01.④	02.④	03.③	04.④	05.③		
問題 2	06.①	07.③	08.①	09.①	10.①		
問題 3	11.②	12.②	13.②	14.③	15.②		
問題 4	16.②	17.③	18.②	19.③	20.③	21.③	22.②
問題 5	23.②	24.③	25.①	26.①	27.②		
問題 6	28.④	29.③	30.②	31.②	32.④		

● 최종 모의고사

問題 1	01.②	02.④	03.③	04.④	05.③		
問題 2	06.①	07.④	08.①	09.③	10.②		
問題 3	11.③	12.②	13.②	14.③	15.④		
問題 4	16.①	17.②	18.③	19.④	20.③	21.①	22.③
問題 5	23.②	24.①	25.②	26.②	27.①		
問題 6	28.④	29.①	30.③	31.③	32.①		

問題 1	01.③	02.①	03.④	04.③	05.③		
問題 2	06.①	07.③	08.④	09.①	10.④		
問題 3	11.②	12.②	13.②	14.②	15.③		
問題 4	16.④	17.③	18.②	19.④	20.①	21.①	22.②
問題 5	23.②	24.②	25.③	26.②	27.①		
問題 6	28.③	29.①	30.③	31.①	32.①		

3회 ——————————————————————————— P.118

問題 1	01.③	02.③	03.③	04.②	05.③		
問題 2	06.①	07.①	08.①	09.①	10.②		
問題 3	11.③	12.③	13.②	14.②	15.①		
問題 4	16.③	17.②	18.②	19.②	20.③	21.②	22.②
問題 5	23.②	24.②	25.②	26.③	27.③		
問題 6	28.①	29.①	30.③	31.④	32.②		

4회 ——————————————————————————— P.123

問題 1	01.②	02.①	03.②	04.①	05.①		
問題 2	06.①	07.②	08.①	09.④	10.④		
問題 3	11.①	12.③	13.②	14.②	15.①		
問題 4	16.③	17.①	18.①	19.③	20.③	21.④	22.③
問題 5	23.①	24.①	25.①	26.②	27.①		
問題 6	28.①	29.③	30.①	31.④	32.②		

5회 ——————————————————————————— P.128

問題 1	01.④	02.③	03.③	04.①	05.②		
問題 2	06.④	07.④	08.②	09.④	10.③		
問題 3	11.②	12.①	13.②	14.③	15.②		
問題 4	16.③	17.④	18.①	19.②	20.②	21.④	22.①
問題 5	23.③	24.③	25.①	26.④	27.②		
問題 6	28.④	29.②	30.③	31.①	32.③		

6회 ——————————————————————————— P.133

問題 1	01.①	02.③	03.①	04.②	05.④		
問題 2	06.③	07.①	08.②	09.③	10.③		
問題 3	11.②	12.②	13.②	14.①	15.②		
問題 4	16.②	17.②	18.①	19.④	20.①	21.③	22.②
問題 5	23.①	24.①	25.③	26.④	27.②		
問題 6	28.④	29.②	30.③	31.①	32.③